主　　编　孙晓勇　国家法官学院院长
　　　　　　　　　　最高人民法院司法案例研究院院长
副 主 编　胡田野　国家法官学院副院长
　　　　　　刘　畅　最高人民法院司法案例研究院规划部主任
主编助理　赵文轩　最高人民法院司法案例研究院规划部编辑
　　　　　　刘丽媛　最高人民法院司法案例研究院规划部编辑

《中国法院年度案例》编辑人员（按姓氏笔画）
王　锐　刘　畅　朱建伟　朱　琳　吴光荣　李晓果
李　谦　杨小利　胡　岩　赵文轩　唐世银　徐一楠
贾　停　曹海荣　梁　欣　程诗翰　程　瑛

本书编审人员　程　瑛

中国法院2022年度案例

国家法官学院　最高人民法院司法案例研究院　/　编

道路交通纠纷

中国法制出版社
CHINA LEGAL PUBLISHING HOUSE

《中国法院2022年度案例》通讯编辑名单

序

党的十八大以来，以习近平同志为核心的党中央高度重视法治在推进国家治理体系和治理能力现代化中的重要作用，党的十九届六中全会通过的《中共中央关于党的百年奋斗重大成就和历史经验的决议》指出，必须坚持中国特色社会主义法治道路，贯彻中国特色社会主义法治理论，坚持依法治国、依法执政、依法行政共同推进，坚持法治国家、法治政府、法治社会一体建设，全面增强全社会尊法学法守法用法意识和能力。人民法院始终坚持以习近平法治思想为指导，把加强司法案例研究作为推进全面依法治国的重要途径，通过发布具有普遍指导意义的典型案例，统一法律适用、提高审判质效，提升司法公信力，努力让人民群众在每一个司法案件中感受到公平正义。《中国法院年度案例》丛书，旨在总结提炼典型案例的裁判规则和裁判方法，发挥司法规范、指导、评价、引领的重要作用，大力弘扬社会主义核心价值观，增强全民法治意识和法治素养，展现新时代我国法治建设新成就。

《中国法院年度案例》丛书自2012年编辑出版以来，已连续出版11年，受到读者广泛好评。近年来，为更加全面地反映我国司法审判执行工作的发展进程，顺应审判执行实践需要，响应读者需求，丛书2014年度新增金融纠纷、行政纠纷、刑事案例3个分册，2015年度将刑事案例调整为刑法总则案例、刑法分则案例2个分册，2016年度新增知识产权纠纷分册，2017年度新增执行案例分册，2018年度将刑事案例扩充为4个分册。自2020年起，丛书由国家法官学院与最高人民法院司法案例研究院共同编辑，每年年初定期出版。在全国各级人民法院的大力支持下，丛书编委会现编辑出版《中国法院2022年度案例》系列丛书，共23册。为助力实施环境资源审判专门化的司法政策，推进生态文明建设与绿色发展，自今年起，丛书将土地纠纷（含林地纠纷）分册改为土地纠纷（含环境资源纠纷）分册。

《中国法院年度案例》丛书以开放务实的态度、简洁明快的风格，在编辑中坚持以下方法，努力把案例书籍变得“好读有用”：一是高度提炼案例内容，控制案例篇幅，每个案例基本在3000字以内；二是突出争议焦点，剔除无效信息，尽可能在有限的篇幅内为读者提供有效、有益的信息；三是注重对裁判文书的再加工，大多数案例由案件的主审法官撰写“法官后语”，高度提炼、总结案例的指导价值，力求引发读者思考，为司法工作提供借鉴，为法学研究提供启迪。

《中国法院年度案例》丛书编辑工作坚持以下原则：一是广泛选编案例。国家法官学院和最高人民法院司法案例研究院每年通过各高级人民法院从全国各地法院汇集上一年度审结的典型案例近万件，使该丛书有广泛的精选基础，优中选优，可提供给读者新近发生的全国各地多种类型的典型性案例。二是方便读者检索。为体现以读者为本的宗旨，丛书分卷细化，每卷下还将案例主要根据案由分类编排，每个案例用一句话概括裁判规则、裁判思路或焦点问题作为主标题，让读者一目了然，迅速找到目标案例。

中国法制出版社始终全力支持《中国法院年度案例》丛书的出版，给了作者和编辑们巨大的鼓励。2022年，丛书将继续提供数据库增值服务。购买本书，扫描前勒口二维码，即可在本年度免费查阅往年同类案例数据库。我们在此谨表谢忱，并希望通过共同努力，逐步完善，做得更好，真正探索出一条编辑案例书籍、挖掘案例价值的新路，更好地服务社会主义法治国家建设、服务法治社会建设、服务学习研究法律的读者。

《中国法院年度案例》丛书既是法官、检察官、律师等法律工作者的办案参考和司法人员培训的实用教材，也是社会大众学法用法的经典案例读本，同时是教学科研机构案例研究的良好系列素材。当然，案例作者和编辑在编写过程中也难以一步到位实现最初的编写愿望，客观上会存在各种不足甚至错误，欢迎读者批评指正。我们愿听取各方建议，不断扩宽深化司法案例研究领域，立足新发展阶段，实现中国特色司法案例研究事业的高质量发展。

国家法官学院

最高人民法院司法案例研究院

2022年1月

目　录

Contents

一、交通事故中的主体问题

二、交通事故损害赔偿

三、交通事故损害赔偿程序

四、交通事故保险理赔

一、交通事故中的主体问题

1

多车连撞交通事故赔偿义务主体的确定

——田某诉夏某等机动车交通事故责任案

【案件基本信息】

1. 裁判书字号

吉林省长岭县人民法院（2020）吉0722民初1864号民事判决书

2. 案由：机动车交通事故责任纠纷

3. 当事人

原告：田某

被告：夏某、范某、李某、张某、王某、财险通化支公司、甲财险吉林分公司、财险松原支公司、乙财险吉林分公司、财险长春支公司

【基本案情】

2020年5月15日，范某驾驶吉JBM×××号小型轿车沿公路自东向西行驶，行至事故发生地超车时，驶入道路南侧，同自西向东行驶的夏某驾驶的吉ARG×××号小型普通客车相撞后，范某驾驶的吉JBM×××号小型轿车又同自西向东行驶的张某驾驶的吉JH2×××/JG×××号重型半挂牵引车相撞，后

吉 JH2×××/JG×××号重型半挂牵引车驶入道路北侧，又同自东向西行驶的田某驾驶的吉 JG××××号小型轿车相撞，致四车损坏，范某、夏某、田某受伤的交通事故。长岭县公安局交通警察大队长公交认字（2020）第 8000037 号道路交通事故认定书认定，范某其“有会车可能超车”“超速”是导致此次事故的主要原因，夏某其“超速”是导致此次事故的次要原因，张某其“制动不良”是导致此次事故的次要原因，田某无导致此次事故的过错行为。责任一（范某与夏某相撞）：范某承担事故主要责任，夏某承担事故次要责任。责任二（范某、张某、田某三车连撞）：范某承担事故主要责任，张某承担事故次要责任，田某无责任。事故发生后，田某伤后在长岭县人民医院治疗花费医疗费 2445 元。田某的车辆损坏后在长春市保通汽车修理有限公司维修花费维修费 17566 元、拖车费共计 3460 元，其中 2260 元系从事故发生地到长岭的拖车费用，1200 元系从长岭将事故车辆拖到长春维修的拖车费用。

另查，范某驾驶的吉 JBM×××号车辆登记在其妻子李某名下，该车在财险通化支公司投保了机动车责任强制保险。夏某驾驶其所有的吉 ARG×××号车辆在财险长春支公司投保了机动车责任强制保险，在乙财险吉林分公司投保了机动车商业第三者责任保险 50 万元不计免赔。张某系王某的雇用司机，其驾驶的吉 JH2×××/JG×××号挂车在甲财险吉林分公司投保了机动车责任强制保险，在财险松原支公司投保了机动车商业第三者责任保险 100 万元不计免赔。事故均发生保险期限内。

【案件焦点】

1. 未直接发生碰撞的车辆是否为赔偿义务主体；2. 赔偿数额的确定。

【法院裁判要旨】

吉林省长岭县人民法院依照《中华人民共和国侵权责任法》[①] 第六条、第

---

① 《中华人民共和国民法典》于 2021 年 1 月 1 日起实施，《中华人民共和国合同法》《中华人民共和国民法总则》等同时废止。本书收录的部分案例裁判于《中华人民共和国民法典》生效前，适用的是当时有效的法律规定，下文将不再对此进行提示。

十六条、第十九条、第二十二条、第二十六条、第四十九条，《中华人民共和国道路交通安全法》第七十六条，《最高人民法院关于审理道路交通事故损害赔偿案件适用法律若干问题的解释》第十五条、第十六条、第二十二条，《最高人民法院关于审理人身损害赔偿案件适用法律若干问题的解释》[①] 第三条，《中华人民共和国民事诉讼法》[②] 第一百四十四条之规定，作出如下判决：

一、财险通化支公司在交强险限额内赔偿原告田某经济损失共计 1458 元（医疗费限额内赔偿原告田某医药费 815 元；在财产损失赔偿限额内赔偿田某车辆修理费、拖车费合计 19826 元中的 643 元）；

二、财险长春支公司在交强险限额内赔偿原告田某经济损失共计 1443 元（医疗费限额内赔偿原告田某医药费 815 元；在财产损失赔偿限额内赔偿田某车辆修理费、拖车费合计 19826 元中的 628 元）；

三、甲财险吉林分公司在交强险限额内赔偿原告田某经济损失共计 1675 元（医疗费限额内赔偿原告田某医药费 815 元；在财产损失赔偿限额内赔偿田某车辆修理费、拖车费合计 19826 元中的 860 元）；

四、范某赔偿原告田某剩余财产损失共计 17695（19826－643－628－860）元的 60% 即 10617 元；

五、财险松原支公司在商业第三者责任险限额内赔偿原告田某剩余财产损失共计 17695 元的 20% 即 3539 元；

六、乙财险吉林分公司在商业第三者责任险限额内赔偿田某剩余财产损失共计 17695 元的 20% 即 3539 元。

上述款项限判决生效后立即给付。

本案一审判决宣判后，在法定期限内，原、被告均未上诉。

---

① 配合《中华人民共和国民法典》的施行，最高人民法院对大量司法解释进行了修正。本书收录的部分案例裁判于相关司法解释修正之前，适用的是当时有效的司法解释。下文将不再对此进行提示。

② 《中华人民共和国民事诉讼法》已经 2021 年 12 月 24 日修改，于 2022 年 1 月 1 日实施。本书收录案例均裁判于该法修改之前，适用的是当时有效的条文，下文将不再对此进行提示。

【法官后语】

根据《最高人民法院关于审理人身损害赔偿案件适用法律若干问题的解释》(2003年)第三条(《中华人民共和国民法典》第一千一百七十一条和第一千一百七十二条)规定:“二人以上共同故意或者共同过失致人损害,或者虽无共同故意、共同过失,但其侵害行为直接结合发生同一损害后果的,构成共同侵权,应当依照民法通则第一百三十条规定承担连带责任。二人以上没有共同故意或者共同过失,但其分别实施的数个行为间接结合发生同一损害后果的,应当根据过失大小或者原因力比例各自承担相应的赔偿责任。”结合全案证据,本院认为范某“有会车可能超车”“超速”应承担此次事故的主要责任,夏某“超速”承担此次事故的次要责任,张某“制动不良”承担事故的次要责任,田某无责任。

在机动车道路交通事故中,多车连撞,造成人伤、车损的案件越来越多。针对此类案件,各侵权人如何承担责任,成为此类案件审判的难点。有的观点包括保险公司的个别观点认为,多车连撞,适用《中华人民共和国侵权责任法》第八条(《中华人民共和国民法典》第一千一百六十八条)的规定,由数个机动车责任主体承担连带责任。或者认为,没有直接发生碰撞的机动车责任主体不应该承担赔偿责任。交警部分作出的事故认定,只是根据双方在事故中的违法行为应承担多大的事故责任进行了划分,但不能区分各侵权人的过错和原因力,所以不能与民事责任的承担相同,不能仅凭责任事故认定书确定对受害人按份承担责任的比例。

笔者认为,无共同故意的各侵害人,都直接或间接地造成受害人经济损失,故无意思联络共同侵权行为人之间的责任承担份额仍可以根据各自过失大小或者原因力比例确定。本案中,夏某驾驶的车辆虽未直接与田某驾驶的车辆发生碰撞,但范某和夏某分别驾驶的车辆合力与张某驾驶的车辆发生碰撞,张某驾驶的车辆又与田某驾驶的车辆相撞,造成田某人伤及车辆损失的后果,因此田某的后果系由范某、夏某、张某侵权所致,故其三人及其投保的保险公司是赔偿义务主体,而不因为夏某与范某未与田某发生直接碰撞而免除赔偿责任。

编写人:吉林省长岭县人民法院 马丽敏

2

雇员使用雇主所有的机动车在交通事故中的责任认定

——徐某等诉潘某、尤某机动车交通事故责任案

【案件基本信息】

1. 裁判书字号

江苏省无锡市惠山区人民法院（2020）苏0206民初3897号民事判决书

2. 案由：机动车交通事故责任纠纷

3. 当事人

原告：徐某、黄某1、黄某2

被告：潘某、尤某

【基本案情】

2019年5月10日19时50分许，黄某3未依法取得机动车驾驶证却驾驶未经公安机关交通管理部门登记而悬挂苏B28×××号牌的二轮摩托车，车上乘坐未戴安全头盔的徐某，沿无锡市惠山区惠山大道西侧非机动车道以22.2—27.5km/h的车速由南往北逆向行驶至寺头家园一期前路段时，遇潘某未戴安全头盔、持B2型机动车驾驶证驾驶未定期进行安全技术检验的号牌号码为苏B1K×××的普通二轮摩托车，车上乘坐未戴安全头盔的万某，沿惠山大道西侧非机动车道以55.0—66.3km/h的车速由北往南对向行驶，结果发生碰撞，造成车辆损坏，黄某3、潘某、万某、徐某四人不同程度受伤，黄某3经送医院抢救无效于当日死亡的交通事故。经无锡市公安局交通警察支队惠山大队出具道路交通事故认定书认定：黄某3负事故主要责任，潘某负事故次要责任；万某、徐某不负事故责任。苏B1K×××号普通二轮摩托车登记在尤某名下，该车辆并未投保交强险。

另查明，徐某系黄某3之妻，黄某1、黄某2系黄某3之子，尤某与潘某系雇佣关系。庭审中，潘某陈述涉案车辆系尤某提供给所有工人使用的，主要用于上班以及下班时间买菜购物，车钥匙系尤某放在工人的住处，告知工人可以使用。事故发生时，潘某驾驶车辆是去买菜。尤某陈述，其并未将未经过年审的车辆交给潘某使用，其知道没有摩托车驾驶证是无法驾驶摩托车的，潘某他们有B2驾照，有无摩托车驾驶证其不清楚，车子因其住处放不下，故放在其为工人租赁的房间门口，钥匙放在房间里，具体放在哪里记不清了。

徐某、黄某1、黄某2主张的各项损失认定为：医疗费2914.13元、交通费1000元、丧葬费49334.5元、死亡赔偿金472141.44元、精神损害抚慰金50000元，合计575390.07元。又查明，黄某3驾驶的二轮摩托车上乘坐人徐某也在本次交通事故中受伤，徐某不要求在本案中预留交强险份额。

【案件焦点】

雇主尤某将自己的摩托车及车钥匙放在工人处，工人潘某在使用摩托车过程中发生交通事故，是否系履行职务行为。

【法院裁判要旨】

江苏省无锡市惠山区人民法院经审理认为：机动车发生交通事故造成人身伤亡、财产损失的，由保险公司在机动车第三者责任强制保险责任限额范围内予以赔偿；不足的部分，机动车之间发生交通事故的，由有过错的一方承担赔偿责任；双方都有过错的，按照各自过错的比例分担责任。本案中，因黄某3、潘某对事故发生分别负主次责任，故黄某3一方应当对其损失自行承担70%的责任，潘某一方承担30%的赔偿责任。未经允许驾驶他人机动车发生交通事故造成损害，当事人依照侵权责任法的规定请求由机动车驾驶人承担赔偿责任的，人民法院应予支持。机动车所有人或者管理人有过错的，应承担相应的赔偿责任，但具有《中华人民共和国侵权责任法》第五十二条规定情形的除外。本案中，尤某将未定期进行安全技术检验，也未投保交强险的二轮摩托车停放在其为潘某租赁的房屋门口，并且将车钥匙放在房间里，并未尽到对车辆安全保管的注意义务，存在一定过错，本院依法认定尤某应承担10%的赔偿责任。因此对于本案中原告主张的损失，原告一方自行承担70%的责任，潘某、尤某一方承担30%的责任，其中潘某承担20%的赔偿责任，尤某承担10%的赔偿责任。

因苏B1K×××号普通二轮摩托车并未投保交强险，尤某系该车辆的车主，作为投保义务人，应当与侵权人潘某在交强险责任限额范围内承担连带赔偿责任。对于超出交强险限额部分，原告认为尤某系车主和雇主，故应当对超出交强险限额部分承担40%的连带赔偿责任。本院认为，潘某系驾驶机动车在下班时间去买菜的路上发生交通事故，并非在从事雇佣活动中致人损害，故原告要求尤某作为雇主对超出交强险限额部分的损失承担连带责任的主张，于法无据，本院不予支持。对于潘某辩称尤某系潘某的雇主，潘某作为雇员，在从事雇佣活动中致人损害的，应由雇主即尤某承担赔偿责任的抗辩意见，亦于法无据，本院不予采信。

江苏省无锡市惠山区人民法院依照《中华人民共和国侵权责任法》第十六条，《中华人民共和国道路交通安全法》第七十六条，《最高人民法院关于审理道路交通事故损害赔偿案件适用法律若干问题的解释》第二条、第十九条，《最高人民法院关于审理人身损害赔偿案件适用法律若干问题的解释》第九条、第十七条、第十八条、第十九条、第二十二条、第二十七条、第二十九条，判决如下：

一、潘某于本判决生效之日起十日内赔偿徐某、黄某1、黄某2各项损失205409元；

二、尤某于本判决生效之日起十日内赔偿徐某、黄某1、黄某2各项损失46248元；

三、尤某对本判决主文第一项确定的债务在112914元范围内承担连带赔偿责任；

四、驳回徐某、黄某1、黄某2的其他诉讼请求。

【法官后语】

雇员在履行职务过程中，使用雇主的车辆是常见现象，但发生交通事故后，往往会存在争议，雇员是否在履行职务行为是争议的焦点。确定雇员是否在履行职务行为，应综合调查雇主陈述、雇员陈述、事故发生地点、时间、事发时车辆挂载物品等，然后才能确定雇主所有车辆在事故发生时是否系雇员履行职务行为。

本案中，案涉摩托车及车钥匙系雇主尤某主动放于工人住宿处，对于车辆也未及时进行年检，投保机动车交强险，并未尽到对车辆安全保管的注意义务，雇主尤某应承担部分赔偿责任。雇员潘某陈述系履行职务行为，其仅陈述雇主尤某将车子交给工人上下班使用，事故发生时，其系履行职务行为，雇主尤某应承担雇主责任。然而，雇主尤某陈述车子是因其住处放不下，故放在其为工人租赁的房间门口，钥匙放在房间里，具体放在哪里记不清了，其并未主动允许工人可以自行使用，其主观上不存在允许工人将其摩托车作为工作车辆使用。另根据雇员潘某自己陈述，其使用该车辆是下班后去买菜，该时间段明显系非工作时间，同时驾驶的目的也并非履行职务，所以没有支持潘某要求雇主承担连带责任的主张。

为了节约运营成本，现在很多公司均存在雇主将自己所有的车辆交与员工使用，或者让员工将自己的私家车用于公务，给予适当补贴，这都是典型的“私车公用”。私车公用虽然可以节约公司的运营成本，但是也带来了很多争议，如车辆未购置足额商业险，车辆未及时年检，保险公司拒赔，员工是否系在履行职务等问题，给公司与员工之间造成极大的矛盾。

公司与员工之间应明确履行职务的事项，必要时可以签署私家车使用协议，对于私车公用的范畴予以明确。对于不合理的使用私家车的要求，员工也应坚决拒绝。对于跑外勤较多的公司，应自行购置车辆，并配备专职驾驶员，减少交通意外所带来的额外损失。

编写人：江苏省无锡市惠山区人民法院　陆鑫升

3

挂车方在交通事故中的赔偿责任认定

——甘某诉财险日照支公司等机动车交通事故责任案

【案件基本信息】

1. 裁判书字号

安徽省滁州市中级人民法院（2020）皖11民终1059号民事判决书

2. 案由：机动车交通事故责任纠纷

3. 当事人

原告（被上诉人）：甘某

被告（上诉人）：财险日照支公司

被告（被上诉人）：沈某、运输公司

【基本案情】

2019年5月11日12时31分，沈1驾驶车牌号为鲁Q88×××/鲁Q111×××挂重型集装箱半挂车逆行时与雷某驾驶车牌号为鄂LD0×××小型汽车发生交通事故，事故造成雷某受伤，两车损坏，路灯、电线杆、绿化损坏。交警部门认定，沈某负全部责任，雷某无责任。被告沈某驾驶的车牌号为鲁Q88×××/鲁Q111×××挂重型集装箱半挂车，登记车主为被告运输公司，车牌号为鲁Q88×××的牵引车在被告财险日照支公司投保商业三者险50万元不计免赔，本起事故发生在保险期间内。被告财险日照支公司要求提供肇事车辆挂车的投保信息，否则商业三者险拒赔。

【案件焦点】

1. 挂车与牵引车连接使用发生交通事故后，挂车方是否应当作为独立的民事赔偿主体承担赔偿责任；2. 挂车为规避风险，是否需要投保商业三者险。

【法院裁判要旨】

安徽省定远县人民法院经审理认为：牵引车方的商业三者险的承保公司要求提供挂车的投保信息于法无据，不构成商业三者险拒赔理由。

安徽省定远县人民法院依照《中华人民共和国民事诉讼法》第一百四十四条，《中华人民共和国侵权责任法》第十五条、第十六条、第二十二条、第四十八条，《中华人民共和国道路交通安全法》第七十六条第一款第（一）项，《中华人民共和国保险法》第六十五条、第六十六条，《机动车交通事故责任强制保险条例》第二十一条第一款，《最高人民法院关于审理人身损害赔偿案件适用法律若干问题的解释》第八条、第十七条、第十九条、第二十条、第二十一条、第二十二条、第二十三条、第二十四条，《最高人民法院关于审理道路交通事故损害赔偿案件适用法律若干问题的解释》第十六条、第二十七条的规定，判决如下：

一、被告财险日照支公司于判决生效之日起十日内赔偿原告甘某各项损失 89294 元；

二、驳回原告甘某的其他诉讼请求。

财险日照支公司不服一审判决，提出上诉。

安徽省滁州市中级人民法院经审理同意一审的裁判意见，判决如下：

驳回上诉，维持原判。

【法官后语】

1. 挂车所有人没有投保交强险的法律义务。《机动车交通事故责任强制保险条例》第四十二条规定：挂车不投保机动车交通事故责任强制保险。发生道路交通事故造成人身伤亡、财产损失的，由牵引车投保的保险公司在机动车交通事故责任强制保险责任限额范围内予以赔偿；不足的部分，由牵引车方和挂车方依照法律规定承担赔偿责任。由此可见，挂车没有购买交强险的义务，挂车所有人或使用人不承担交强险的赔偿责任。

2. 从属性角度分析，挂车只是具有使用价值的载货工具。挂车不具有动力装置，不属于机动车，只有在牵引车的牵引控制下才能上路，两车连接在一起作业，应视为一个整体，因此，挂车具有“可移动的集装箱”属性。由于挂车本身并无驾驶员，不能上路行驶，挂车使用权交由牵引车使用人实际控制，类似于车辆使用人和所有权人分离时发生交通事故情形，依法应当由实际侵权人承担赔偿责任。

3. 对于挂车所有人承担责任问题，现有法律法规存在空白点。为了弥补交强险赔偿不足的部分，通常情况下，牵引车作为机动车，所有人为了降低交通事故赔偿风险，会选择购买商业三者险，而不足的赔偿部分，挂车与牵引车如何“依照法律规定承担赔偿责任”，挂车所有人承担什么样的责任（共同、按份或连带），实务中认识有分歧，导致裁判尺度不一致。对于挂车是否需要投保商业三者险规避交通事故风险，笔者认为挂车所有人有自主选择权。但是基于当牵引车保险不足以赔付时，由牵引车方和挂车方依照法律规定承担赔偿责任的规定，笔者建议从规避风险的角度考虑，挂车应该投保商业三者险。

编写人：安徽省滁州市定远县人民法院　高恒星

4

被鉴定为机动车的电动车不应在交强险范围内先行赔付

——曹某1等诉财险梅河口支公司、董某机动车交通事故责任案

【案件基本信息】

1. 裁判书字号

吉林省梅河口市人民法院（2020）吉0581民初2172号民事判决书

2. 案由：机动车交通事故责任纠纷

3. 当事人

原告：曹某 1、王某、曹某 2

被告：财险梅河口支公司、董某

【基本案情】

2020 年 9 月 1 日 15 时 49 分许，曹某无证醉酒驾驶吉 EU5×××号二轮摩托车，沿梅海南线由西向东行驶至文华村村民委员会前路段超越前方同向向左转弯时，与同方向前方左转弯的董某驾驶的梅河口（保）A01×××号三轮摩托车发生碰撞，致曹某和董某受伤，车辆损坏。曹某伤后入住梅河口市中心医院住院治疗 4 天，于 2020 年 9 月 5 日经抢救无效死亡。此次事故经梅河口市公安局交通管理大队认定，曹某承担事故主要责任，董某承担事故次要责任。另查明，董某驾驶的三轮摩托车，经交警部门责任认定时鉴定为机动车，该车在财险梅河口支公司投保了非机动车第三者责任保险，第三者责任限额中人身伤亡赔偿限额为 40000 元，医疗责任限额 8000 元，财产损失限额 2000 元，免赔额 100 元。曹某 1、王某、曹某 2 为曹某的第一顺序法定继承人。因双方就赔偿事宜协商未果，原告起诉至法院，要求被告赔偿因曹某死亡的各项损失。损失合计 781929.50 元，由被告先行在交强险范围内赔偿 120000 元，超出交强险的损失，由被告承担 30% 的赔偿责任合计 198578.85 元，诉讼费由被告承担。

【案件焦点】

电动车被鉴定为机动车，电动车车主是否应在交强险范围内先行赔付。

【法院裁判要旨】

吉林省梅河口市人民法院经审理认为：交警部门对肇事电动车属于机动车的认定，系从行政管理角度作出的，但是保险企业对该类车辆不予办理交强险，因此导致无法投保交强险的后果，并非投保义务人主观意愿所致，所以在该种情况下要求投保义务人承担交强险的赔偿责任，属于加重其责任，不应予以支持。

吉林省梅河口市人民法院依照相关法律，作出如下判决：

一、被告财险梅河口支公司在保险责任限额内赔偿原告曹某1、王某、曹某2各项损失47900元，于本判决生效后立即给付；

二、被告董某赔偿原告曹某1、王某、曹某2各项损失186186.90元，于本判决生效后立即给付；

三、驳回原告曹某1、王某、曹某2的其他诉讼请求。

【法官后语】

《中华人民共和国道路交通安全法》第七十六条规定，机动车发生交通事故造成人身伤亡、财产损失的，由保险公司在机动车第三者责任强制保险责任限额范围内予以赔偿，不足部分，按照过错责任予以赔偿。交强险是强制保险，并且在保额范围内采用无过错赔偿原则，立法目的是转移赔偿风险，使受害方获得及时有效的赔付，减轻赔偿义务人的经济负担。2012年12月21日开始施行的《最高人民法院关于审理道路交通事故损害赔偿案件适用法律若干问题的解释》第十九条第一款对未投保交强险情形作出了规定："未依法投保交强险的机动车发生交通事故造成损害，当事人请求投保义务人在交强险责任限额范围内予以赔偿的，人民法院应予支持。"根据上述解释规定，交强险是一种强制性义务，在一方未投保交强险时，一般都判令肇事方先在交强险范围内承担全部责任，是对未投交强险一方违法行为的一种判罚。但现实生活中，人们为了方便出行，电动车种类及使用数量越来越多，而电动车发生交通事故的情形也越来越多。本案中电动车虽被鉴定为机动车，但系交警部门从行政管理角度所作出的认定。实践中，保险企业不为该类所谓"机动车"办理交强险，所以导致无法投保交强险的后果并非投保义务人的主观意愿所致。法律不能强人所难，如要求电动车方在交强险范围内先行承担责任，势必加重其责任，有违公平性，不符合民事归责原则，故不应由被鉴定为机动车的电动车方在交强险范围内先行承担赔偿义务。因存在此方面的漏洞，为避免类似情况发生，国家应制定统一的电动车管理制度，对电动车进行规范化管理。

编写人：吉林省梅河口市人民法院　汤文慧

5

无证驾驶者好意同乘在机动车交通事故中的责任认定

——占某诉财险某支公司等机动车交通事故责任案

【案件基本信息】

1. 裁判书字号

浙江省丽水市中级人民法院（2020）浙11民终1199号民事判决书

2. 案由：机动车交通事故责任纠纷

3. 当事人

原告（被上诉人）：占某

被告（上诉人）：财险某支公司

被告（被上诉人）：应某1、应某、陈某、赵某、运输公司

【基本案情】

应某1、袁某、林某、占某四人系朋友，陈某、应某系应某1之监护人。被告运输公司系豫P2C×××号重型仓栅式货车车辆行驶证登记的所有人，赵某系案涉车辆实际车主，被告财险某支公司系案涉车辆交强险、商业险的承保单位。被告应某1驾驶的普通二轮摩托车未投保交强险，车主无法查清。2018年4月9日凌晨，应某1驾驶无号牌普通二轮摩托车搭乘林某、袁某、占某从温州往青田方向行驶，当日3时59分途经温寿线（G330）41km+693m路段左转弯时与赵某驾驶的从义乌往温州市永嘉县瓯北行驶的豫P2C×××号重型仓栅式货车发生碰撞，造成应某1、林某、袁某、占某四人受伤及两车受损的道路交通事故。经青田县公安局交通警察大队认定，该事故中应某1负主要责任，赵某负次要责任，林某、袁某、占某均无责任。事故发生后，占某被送至丽水

市人民医院住院治疗，前后住院两次并出院；青田县交通事故社会救助基金管理中心为占某垫付医疗费64601.92元，该款项通过银行转账方式汇入丽水市人民医院账户。被告应某1、陈某叙述称该交通事故系因聚众斗殴引起的，两者之间存在因果关系，且系林某和占某叫应某1开车去温州找袁某，否则就不会发生交通事故。被告应某1另叙述称其搭乘三人之行为属于好意同乘，应当减轻其赔偿责任。被告财险某支公司叙述称事故驾驶员赵某存在超载行为，根据保险合同条款约定，投保车辆存在超载行为时要对商业险部分扣除10%绝对免赔率，并提供投保声明确认函一份用以证明在签订保险合同时，保险公司已尽到说明义务。

【案件焦点】

1. 驾驶者未取得驾驶证且共同搭乘人员超出荷载人数，其是否可以根据好意同乘的有关规定减轻赔偿责任；2. 因实施违法犯罪行为，在往返途中发生交通事故，驾驶者是否可以免除赔偿责任；3. 对于投保人签署的《投保声明确认函》，保险公司对其中的免责条款是否应负提示说明义务。

【法院裁判要旨】

浙江省丽水市青田县人民法院经审理认为：搭乘人员林某、袁某、占某虽为未成年人，但是其应有相应的识别能力。在明知应某1未成年、不可能持有摩托车驾驶证且共同搭乘超过普通二轮摩托车的荷载人数的情形下，仍自甘风险搭乘该摩托车，对损害的发生有过失。且本案中并无证据证明搭乘人员在乘坐摩托车时有佩戴头盔，此亦与搭乘人员的头部损伤存在相当因果关系。故本院认为，搭乘人员因未尽安全注意义务，对自身损害的发生和扩大均存在过错，依法应减轻侵权人的赔偿责任。聚众斗殴虽系交通事故之肇因，但两者之间并无法律上的因果关系，无证驾驶明显属于重大过失，不满足好意同乘减责之构成要件，故应某1等人的抗辩理由均不能成立。《投保声明确认函》于2018年8月1日出具，但车辆的交强险、商业险系于2018年3月投保，并且文义存有歧义，财险某支公司未证明其在投保时已履行了明确说明义务，故认定相关免责条款不发生效力。

在审理过程中，应某1、林某、袁某、占某四人均同意豫P2C×××号车辆所投保的交强险的理赔款由四人平分。根据过失大小及原因力比例，本院酌定因原告自身过失，侵权人的损害赔偿责任应缩减20%；剩余80%的赔偿责任中，由赵某承担32%，由应某1承担48%。遂判决：

一、被告应某1连带赔偿原告占某经济损失144402.35元，该款项从应某1本人财产中支付，不足部分由被告陈某、应某赔偿；

二、被告财险某支公司在交强险、商业三者险范围内赔偿原告占某经济损失126268.23元（精神损害抚慰金在交强险责任限额范围内优先赔偿）；

三、驳回原告占某的其他诉讼请求。

宣判后，财险某支公司不服一审判决，提出上诉。

浙江省丽水市中级人民法院经审理后认为，一审未扣除10%的绝对免赔率并无不当，判决如下：

驳回上诉，维持原判。

【法官后语】

好意同乘即通常所说的“搭顺风车”，属于情谊行为的一种，是善意施惠行为，其实质是助人为乐，是善良风俗的延续。好意同乘虽无设立法律关系的意思表示，但在搭乘中发生交通事故则成立侵权之债。在好意同乘致害中，好意人过错和搭乘人员自身过失等因素的介入，导致双方责任承担不同于一般道路交通事故的认定和处理，如何认定双方的责任承担，关乎公序良俗的维持。

根据《中华人民共和国民法典》第一千二百一十七条之规定：“非营运机动车发生交通事故造成无偿搭乘人损害，属于该机动车一方责任的，应当减轻其赔偿责任，但是机动车使用人有故意或者重大过失的除外。”好意同乘虽然不是民事法律行为，不依当事人的意思表示产生权利义务关系，但其作为事实行为，仍依据法律规定在当事人之间产生一定的权利义务关系。机动车运行自身存在一定的风险，驾驶人同意搭乘人乘坐其驾驶的机动车，就对搭乘人的人身及财产安全产生保护之责，如其疏于保护义务，造成搭乘人人身或财产损害，即构成侵权。但是，在好意同乘致害中，如果好意人对事故发生具有故意或者重大过失的，则阻却好意同乘减责事由的适用。本案中，事故是由于应某1无证驾驶机动车、共同搭乘超过机动车荷载人数、在借道通行时未让本车道内的车辆先行等一系列违规行为所导致的，其无证驾驶显然属于重大过失，故不应以此减轻其责任。

考虑好意人过错的同时，也应当考虑搭乘人员是否存在过错。若同乘人明知驾驶人酒驾、无证驾驶、疲劳驾驶、对驾驶人危险行为未加阻止等，搭乘人员知悉车辆之危险性仍然同乘，且危险性是搭乘人员作为“理性人”应当预见的，则构成“自甘冒险行为”，但并不因此排除好意人责任，而是适用过失相抵规则予以减轻，可减轻好意人之赔偿责任。该规则平衡保护双方利益，合理分配责任负担，避免将一方造成的损害后果转嫁给对方，更符合法律公平正义的基本要求。

好意同乘法定减轻与过失相抵规则是彼此独立的责任减轻事由，一方面，好意人可基于双重理由而获责任减轻；另一方面，即使好意同乘减责事由不成立也不妨碍过失相抵规则的适用。

编写人：浙江省丽水市青田县人民法院　陈若蓉

6

无法确定是否发生接触的交通事故中的责任认定

——雷某诉曾某等机动车交通事故责任案

【案件基本信息】

1. 裁判书字号

江苏省无锡市中级人民法院（2021）苏02民终692号民事判决书

2. 案由：机动车交通事故责任纠纷

3. 当事人

原告：雷某

被告：曾某、运输公司、财险南阳支公司

【基本案情】

2019年8月19日13时45分许，雷某1驾驶后刹车性能差、未经公安机关交通管理部门登记的电动自行车，沿锡沙老线南侧非机动车道由东往西逆向行驶至锡山区东港镇洲翔装配式建筑新材料有限公司对面路段时，遇曾某驾驶灯光不合格（无前、后、左、右转向灯；无左、右制动灯）车牌号码为豫PZ6×××号的重型自卸货车由南往北驶上锡沙老线，结果雷某1驾驶电动自行车倒地，造成雷某1受伤，车辆损坏。无锡市公安局交通警察支队锡山大队对该事故作出事故证明。经调查，因无法判定事发时重型自卸货车与电动自行车驾驶人是否发生碰撞，也无法判定重型自卸货车进入非机动车道时对电动自行车的影响程度，根据《道路交通事故处理程序规定》第六十七条之规定，出具道路交通证明，载明上述事实。

事故发生后，雷某1即被送至无锡市锡山人民医院住院治疗，入院后完善检查，对症治疗，于同年9月13日出院，后一直在无锡暂住地休养，后于2020年1月初回河南老家，同月19日因病情恶化在送禹州市中心医院的途中猝死。

财险南阳支公司为豫PZ6×××号车辆承保了交强险和限额为1000000元的商业三者险及不计免赔，事故发生在保险有效期内。

死者雷某1的父母雷某2、李某均亡故。雷某1与高某于1997年3月18日举行婚礼，未办理结婚登记手续，双方同居至今，于1998年6月10日生育女儿雷某。

事故发生后，无锡市公安局交通警察支队锡山大队委托无锡高吉司法鉴定所对本起事故痕迹及豫PZ6×××号重型自卸货车与电动自行车驾驶员雷某1是否发生碰撞进行鉴定，结论分别为：电动自行车向右侧倒地可以成立，豫PZ6×××号重型自卸货车整车与电动自行车整车对应部位，未见明显对应的硬质刮擦痕迹；不确定事发时，豫PZ6×××重型自卸货车有无与电动自行车驾驶员雷某1发生碰撞。在雷某1死亡后，无锡市公安局交通警察支队锡山大队委托无锡市中西医结合医院司法鉴定所进行法医鉴定，鉴定意见为：雷某1自身罹患严重肝脏病变——重度肝硬化肝脂肪变性伴胸水（350mL）、腹水（500mL），食管胃底静脉曲张、肝性脑病，终致肝脏功能衰竭是其死亡的根本、主要原因；2019年8月19日车祸损伤较轻（为非致命伤），但不排除伤后用药（在肝脏解毒、代谢）有加重肝脏负担，加快肝硬化、肝功能衰竭病情进展的促进作用，与其死亡之间有间接关联，为次要参与度。

【案件焦点】

在无法确定雷某1驾驶的电动车与曾某驾驶的货车是否发生接触和碰撞的情况下，雷某1倒地受伤后死亡的交通事故中双方责任如何认定。

【法院裁判要旨】

江苏省无锡市锡山区人民法院经审理认为：虽然有关司法鉴定所对双方是否发生碰撞和痕迹鉴定结论为不能确定，但明确了电动自行车向右侧倒地可以成立，结合雷某1正值中年，具有正常掌握驾驶电动自行车的能力，一般情况下车辆不会轻易倒地，同时肇事车辆无前、后、左、右转向灯，无左、右制动灯，且系重型货车，虽然鉴定结论为豫PZ6×××号重型自卸货车与电动自行车整车对应部位，未见明显对应的硬质刮擦痕迹，但不能排除两者存在轻微接触的可能，故雷某1受伤与本次事故存在直接的因果关系，不属于意外事故。因本起事故无法查明责任，但鉴于雷某1驾驶后刹车效能差、未经公安机关交通管理部门登记的电动自行车，且系逆向行驶，而曾某驾驶的车辆灯光不合格，故本院对本起事故认定双方系同等责任。因曾某驾驶的车辆系机动车，而雷某1驾驶的车辆系非机动车，故应由财险南阳支公司在商业险限额内按60%赔偿。依照《中华人民共和国侵权责任法》第四十八条，《中华人民共和国道路交通安全法》第七十六条，《最高人民法院关于审理人身损害赔偿案件适用法律若干问题的解释》第十七条第三款、第二十二条、第二十四条、第二十九条，《中华人民共和国民事诉讼法》第六十四条、第一百四十四条之规定，判决如下：

一、由财险南阳支公司赔偿雷某死亡赔偿金、医疗费、住院伙食补助费、营养费、护理费、丧葬费、精神损害抚慰金、亲属办理丧事误工费、因尸体解剖需要停尸制冷保管运输费、交通费等合计350154.75元，扣除已付款10000元，还需给付340154.75元，于本判决生效后十日内付清；

二、驳回雷某的其他诉讼请求。

雷某和财险南阳支公司不服一审判决，提出上诉，江苏省无锡市中级人民法院经审理后同意一审裁判意见，依据《中华人民共和国民事诉讼法》第一百七十条第一款第（一）项之规定，判决如下：

驳回上诉，维持原判。

【法官后语】

机动车道路交通事故责任，是指机动车在道路上运行时，因不当驾驶活动或意外事件直接或者间接致人人身损害、财产损害所产生的侵权责任。

无论是过错责任侵权还是无过错责任侵权，都要求加害人的加害行为与受害人的损害之间有因果关系。因此，在无法确定是否发生接触、碰撞情况下的交通事故中如何认定双方责任的关键在于因果关系的确认。侵权法上的因果关系，是指加害行为与损害结果之间引起与被引起的关系，如两者之间无因果关系，则侵权责任不成立。在原则上，采用“相当因果关系理论”判断是否具有因果关系，即只有同时符合“1. 加害行为须为损害的条件；2. 加害行为具有引起损害结果的相当性”这两点时，才能认定加害行为与损害后果之间存在因果关系。

根据以上理论，在无法确定是否发生接触、碰撞情况下的交通事故中认定因果关系时，首先要考虑两者之间是否存在条件关系，在认定甲车行为是否属于乙车（人）损害后果的条件时，可采用剔除法或替代法：即在观念中假设，若无甲车行为，损害仍会发生，则行为与损害无条件关系，因果关系不成立；若无甲车行为，损害不会发生，则行为与损害有条件关系。其次要考虑甲车行为是否具有相当性，若甲车碰撞到了乙车（人），则自然相当性得足以造成乙车（人）遭受损害，但若无发生接触和碰撞，则需慎重考虑是否相当性得足以引起乙车（人）遭受损害。因此，法院应当从事故发生的时间、地点、天气状况、路况、车速、车辆状况、车辆与行人的可视情况、是否存在超载超速等违法行为综合确定车辆对周围是否构成危险，同时还需结合当事人是否存在特殊体质等特殊情况来认定因果关系。比如，当事人患有高血压、心脏病等，突然听到喇叭声巨响，受到惊吓导致车辆失控而倒地。

本案中，雷某1驾驶电动车在锡沙老线上由东往西行驶，遇曾某驾驶重型自卸货车由南往北驶上锡沙老线，结果雷某1驾驶电动自行车倒地，造成雷某1受伤。雷某1作为成年人，一般情况下具有掌控驾驶电动自行车的能力，在路面并不湿滑的情况下不会倒地，正是因为曾某驾驶的系重型自卸货车，与电动自行车相比更具有天然的危险性和威慑性，同时该货车无前、后、左、右转向灯，驶上雷某1所在的老锡沙线时突然出现在雷某1的可视范围内，足以引起雷某1受到惊吓而紧急避让，从而导致向右倒地。因此曾某驾驶货车的行为是雷某1向右倒地的条件，也具有足够相当性，两者之间存在因果关系，故曾某构成侵权。根据《中华人民共和国道路交通安全法》第七十六条第一款第（二）项规定：机动车与非机动车驾驶人、行人之间发生交通事故，非机动车驾驶人、行人没有过错的，由机动车一方承担赔偿责任；有证据证明非机动车驾驶人、行人有过错的，根据过错程度适当减轻机动车一方的赔偿责任：机动车一方没有过错的，承担不超过百分之十的赔偿责任。雷某1存在驾驶后刹车性能差、未经公安机关交通管理部门登记的电动自行车及逆向行驶的违规违法行为，自身存在过错，应根据过错程度适当减轻曾某一方的责任，故法院对本起事故认定双方共同承担责任。

编写人：江苏省无锡市锡山区人民法院　包维磊　周伟良

7

从车上摔落的车上人员不转化为第三者

——王某诉祝某等机动车交通事故责任案

【案件基本信息】

1. 裁判书字号

浙江省台州市中级人民法院（2021）浙10民终618号民事判决书

2. 案由：机动车交通事故责任纠纷

3. 当事人

原告（被上诉人）：王某

被告（上诉人）：祝某、物流服务公司、物流公司

被告（被上诉人）：财险蚌埠分公司

【基本案情】

2020年10月3日，祝某驾驶皖AD6×××号重型半挂牵引车牵引皖CP×××挂号重型自卸半挂车在车厢内未留有安全位置的情况下负载王某、王2，自南往北沿临海市杜桥镇杜南大道行驶至厉家村路段时，王某从皖CP×××挂号重型自卸半挂车上掉落受伤。交警部门认定，祝某应承担此事故的全部责任，王某无责任。皖AD6×××号重型半挂牵引车登记所有人为物流服务公司，在财险蚌埠分公司投保交强险、商业险；皖CP×××挂号重型自卸半挂车登记所有人为物流公司，在财险蚌埠分公司投保商业险，事故发生在保险期限内。原告就本次交通事故造成的经济损失要求肇事司机及其车辆挂靠公司与保险公司承担赔偿责任。

财险蚌埠分公司辩称，事故车辆在我司投保交强险、第三者责任险及本次

事故发生在保险期限内属实，但王某系车上人员，不属于第三者责任险赔偿范围，公司不承担赔偿责任。

祝某、物流服务公司、物流公司共同辩称，王某系从半挂车车厢内摔下，其受伤时的空间位置相对于车辆而言是在车外，与行驶中的被保险车辆形成相对第三者的关系，故应由财险蚌埠分公司承担保险赔偿责任。

【案件焦点】

伤者王某在本次交通事故中属于本车车上人员还是第三者。

【法院裁判要旨】

浙江省临海市人民法院经审理认为：交强险、第三者责任险适用于被保险机动车发生道路交通事故造成本车人员、被保险人以外的受害人人身伤亡、财产损失的情形。车上人员与第三者身份相对固定，本案中王某从肇事车辆车厢处掉落受伤，当属本车人员，不符合交强险、第三者责任险理赔情形。一审判决：

一、祝某、物流服务公司、物流公司于本判决发生法律效力之日起十日内赔偿王某经济损失 56207.84 元；

二、驳回王某其他的诉讼请求。

祝某、物流服务公司、物流公司不服一审判决，提起上诉。

浙江省台州市中级人民法院认为，事故发生时王某在车厢内，且属于违法搭乘，不属于第三者责任险和车上人员责任险的赔偿范围，故保险公司不应承担保险责任。

二审判决：驳回上诉，维持原判。

【法官后语】

《中国保险行业协会机动车辆商业保险示范条款》（以下简称《条款》）第四条规定：本保险合同中的车上人员是指发生意外事故的瞬间，在被保险机动车车体内或车体上的人员，包括正在上下车的人员。换言之，第三者即为事故瞬间位于车体外的人员。

就概念论，通过时间和空间的两层限定，本车车上人员与第三者泾渭分明。然而交通事故有其复杂性，因车辆碰撞而使车上人员置身车下的情形亦不鲜见，此时伤者身份如何认定，本案案情当属典型，可资借鉴。

一、身份界定的时间标准

（一）身份转化时间节点

司法实务中存在“身份转化论”的观点，即第三者和车上人员均为特定条件下的临时身份，可因时空的变化而转变。该观点一定程度上忽视了身份的相对固定性，应当认识到，转化并不是全时的，《条款》将时间节点限定在了“事故发生瞬间”，事故发生前上下车固然会发生身份转变，但之后所处空间的变化则在所不问。

（二）“瞬间”如何定义

“事故发生时”虽然很短暂，但仍然是一个过程，人员受伤通常就发生于其中，“瞬间”应当截取哪一点或是哪一段？

基于通常理解，“瞬间”首先应当是点而非段，一起交通事故可能有碰撞、受伤乃至多次碰撞等过程，但意外发生的瞬间必然是其中最早的时点，即使过程再短，也领先后续环节“逻辑上的一秒钟”，这也是因果关系推导的当然结果；此外，“意外事故发生瞬间”并不等同于具象化的实害结果，其可以是车辆突遭碰撞之时，也可能是车辆出现失控之时，个案案情有所不同。准确定义当为发生损害之虞，也即风险产生之时。

具体至本案，通过因果关系推导，交通事故的经过应为“急刹车（风险产生）—甩出车厢—摔落受伤（实害结果）”，虽然王某受伤时的空间位置是在车外，但时间节点已经是在“意外事故发生瞬间”之后，故不能因该空间转化而认定王某为交通事故第三者。

二、身份界定的空间标准

本案车内外空间判别较为明确，但实践中，事故可能发生在身体部分位于车外之时，典型如上下车的情形，此时车体空间的判定较为模糊。

通常而言，进入车体开始于单脚准备登车，离开车体则完成于双脚完全着陆，何时可称作车体内，《条款》本身未予明确。实务中可参考双脚位置及身体重心综合判断，当双脚离地且身体重心进入车内时，可认定为车上人员，而单脚着地且身体重心位于车外时，可认定为第三者，理由如下：

其一，作为格式条款，理解上产生争议时，应当采取不利于格式条款提供方的解释，认定为第三者赔付相较更多，此时对车体内的范围界定不宜过宽。

其二，立法目的上，之所以将本车人员排除在强制保险适用范围之外，是因为本车人员与机动车被视作一个整体，相较于车下人员其处于交通参与者的强者地位，保护程度因此有别。仅单脚登车时，其与普通第三者对机动车危险的控制力并无实质差异，而当双脚离地且身体重心进入车内时，人的位置及行动与车同频，此时方可将其与机动车视作一体。

三、结语

综上，无论是单一事故还是多车连撞，均应坚持身份的相对固定性，通过因果关系推导比对风险产生瞬间与位置变化的先后顺序。对于车内空间的认定，标准则不宜过宽，可参考双脚位置及身体重心综合判断。

8

从事雇佣活动的认定标准

——陈某诉李某1、李某2机动车交通事故责任案

【案件基本信息】

1. 裁判书字号

广西壮族自治区北海市中级人民法院（2020）桂05民终1285号民事判决书

2. 案由：机动车交通事故责任纠纷

3. 当事人

原告（上诉人）：陈某

被告（被上诉人）：李某1、李某2

【基本案情】

2019年6月26日，李某1与陈某在某荔枝基地挖完果树后，李某1驾驶无号牌三轮载货摩托车载运果树和搭乘陈某前往合浦县公馆镇，在合浦县公馆镇至曲樟道路社角村路段发生交通事故，造成陈某受伤。2019年8月14日，合浦县公安局交通管理大队作出的《道路交通事故认定书》认定李某1承担本案交通事故的全部责任，李某1对陈某造成的损失应承担赔偿责任。陈某因事故造成的损失合计189964.54元。其中，医疗费207725.4元，扣减李某1已支付的81900元，余款125825.4元、误工费22169.56元、护理费22169.56元、住院伙食补助费16800元、住宿费3000元。李某2与李某1是雇主与雇员的关系，陈某认为李某1、李某2对其因交通事故造成的经济损失应承担共同赔偿责任，故向法院提起诉讼，请求判令被告李某1、李某2共同赔偿原告陈某因交通事故造成的各项损失200604.69元。

【案件焦点】

1. 关于交通事故责任认定的问题；2. 关于赔偿责任分配的问题。

【法院裁判要旨】

根据《最高人民法院关于审理人身损害赔偿案件适用法律若干问题的解释》和《2019年广西壮族自治区道路交通事故人身损害赔偿项目计算标准》的规定，陈某的各项合理损失合计189964.54元。其中，医疗费207725.4元，扣减李某1已支付的81900元，余款125825.4元、误工费22169.56元、护理费22169.56元、住院伙食补助费16800元、住宿费3000元。

广西壮族自治区合浦县人民法院依照《中华人民共和国侵权责任法》第六条、第十六条、第四十八条，《中华人民共和国道路交通安全法》第七十六条，

《最高人民法院关于审理人身损害赔偿案件适用法律若干问题的解释》第十七条、第十九条、第二十条、第二十一条、第二十三条，《中华人民共和国民事诉讼法》第六十四条第一款、第一百四十二条的规定，作出如下判决：

一、李某1赔偿陈某医疗费、误工费、护理费、住院伙食补助费、住宿费共计189964.54元；

二、驳回陈某的其他诉讼请求。

陈某不服一审判决，提出上诉。广西壮族自治区北海市中级人民法院经审理认为：李某2与李某1虽是雇主与雇员的关系，但李某1的工作是对果场进行日常的经营管理，即在涉案果场范围内的劳务工作才视为从事雇佣活动，本案为机动车交通事故责任纠纷，发生事故的地点是合浦县公馆镇至曲樟道路社角村路段，并非李某2承包的果场范围内，是由于李某1的过错导致，属于李某1的个人行为，应由李某1对陈某遭受的损失承担赔偿责任，故陈某主张雇员在从事雇佣活动中致人损害，应由李某1、李某2共同承担赔偿责任，没有事实依据，本院不予支持。

广西壮族自治区北海市中级人民法院依照《中华人民共和国民事诉讼法》第一百七十条第一款第（一）项、第一百七十五条之规定，作出如下判决：

驳回上诉，维持原判。

【法官后语】

在本案中关于交通事故责任认定的问题，是被告李某1搭乘原告行至合浦县公馆镇至曲樟道路社角村路段时，被告李某1驾车向右侧翻倒在南侧路外，导致交通事故发生，经交通管理部门作出事故责任认定，被告李某1负事故的全部责任，原告不负事故责任，原、被告双方对此均无异议。

关于雇员在从事雇佣活动中致人损害赔偿认定的问题本案双方均有争议。是否属于雇员在从事雇佣活动中致人损害赔偿事实首先应明确以下两个概念及界定标准：

1. 双方之间是否存在雇佣关系。应当注意的是，本项所涉及的雇佣关系，是除了劳动法调整的劳动关系之外的狭义的雇佣关系。认定雇佣关系一般有下列四项标准：(1) 双方是否存在雇佣合同（口头的或书面的）；(2) 雇员有无报酬；(3) 雇员是否提供劳务；(4) 雇员是否受雇主的监督。即核心标准是看雇员是否以提供劳务为内容，以及是否受雇主控制、指挥和监督。总之，对雇佣关系的认定以事实上雇佣关系的存在为标准，与当事人间是否成立书面约定无关，而且雇员也并非仅限于雇佣合同所称之雇员，凡客观上被他人使用并为之提供劳务而受其监督者均为雇员。

2. 是否从事雇佣活动。从事雇佣活动，是指从事雇主授权或者指示范围内的生产经营活动或者其他劳务活动。其中，雇员的行为超出授权范围，但其表现形式是与履行职务有内在联系的，也应当认定为"从事雇佣活动"（从雇员执行职务的外表看，行为在客观上表现为与雇主指示办理案件的要求相一致）。因此，雇员的行为是否为从事雇佣活动的行为，应当从行为人的主观意思和行为的客观性质两个方面加以判断。一般来说，雇员主观上认为是从事雇佣活动的行为，而且在客观上又不悖于情理，就可认定该行为是从事雇佣活动的行为。"从事雇佣活动"通常包括：(1) 雇员依据雇主的指示在自己职权范围内行为；(2) 为了完成职权范围内的事务所为的辅助行为；(3) 为了雇主之利益的合理行为（也可能是超越职权的行为），此等行为应当具有客观上的合理性。将第三种行为纳入雇员从事雇佣活动的行为，主要是为了保护受害人的利益，使其较为容易得到补偿。受雇人在从事雇佣活动中，以从事雇佣活动为方法，故意致害他人，以达到个人不法目的，虽然其内在动机是出于个人的私利，但其行为与雇佣活动有内在的关联，因此也认定为从事雇佣活动的行为。

在本案中，被告李某2与被告李某1虽是雇主与雇员的关系，但李某1的工作是对果场进行日常的经营管理，即在涉案果场范围内的劳务工作才视为从事雇佣活动。本案发生事故的地点是合浦县公馆镇至曲樟道路社角村路段，并非李某1承包的果场范围内。被告李某1未经被告李某2的同意，私自偷挖果树到其女儿家种植，属于李某1的个人行为而不是果场管理的职务行为。因此，本案为机动车交通事故责任纠纷，是由于李某1的过错导致的，属于李某1的个人行为，应由李某1对上诉人遭受的损失承担赔偿责任，对原告主张的雇员在从事雇佣活动中致人损害，应由雇主与雇员共同承担赔偿责任，于法无据，法院不予支持。

9

“超标”二轮电动车被认定为机动车后是否适用交强险赔偿规则

——武某1诉邓某等机动车交通事故责任案

【案件基本信息】

1. 裁判书字号

北京市第一中级人民法院（2020）京01民终1429号民事判决书

2. 案由：机动车交通事故责任纠纷

3. 当事人

原告（被上诉人）：武某1

被告（被上诉人）：邓某、孔某、武某2

被告（上诉人）：财险北京分公司

【基本案情】

2018年5月1日16时24分，在北京市海淀区东北旺西路T10001号路灯杆处，邓某驾驶车牌号为京×××小型轿车由南向东右转弯过程中，适有孔某驾驶摩托车（无号牌）后乘李某，武某2驾驶摩托车后乘武某1，武丙驾驶电动自行车（无号牌），先后由东向南左转弯通过路口，邓某所驾小型轿车左前部与孔某驾驶的摩托车左侧相撞，后小型轿车左前部又与武某2所驾摩托车左侧相撞，小型轿车失控后左前部又与武丙所驾电动自行车左侧相撞，造成孔某、李某、武某2、武某1、武丙受伤，四车损坏。经交警认定，邓某、孔某、武某

2对此次事故承担同等责任，武丙、李某、武某1无责任。另查，邓某所驾车辆在财险北京分公司投保交强险及商业三者险50万元，不计免赔。孔某、武某2所驾摩托车未投保交强险。

当日，武某1被送到抢救中心入院治疗，其伤情被诊断为左胫腓骨开放粉碎骨折等，并于当月13日接受手术，后于当月28日出院。此后又于同年7月9日至10日、7月19日至27日，两次在抢救中心住院治疗。武某1因就诊所产生医疗费的总数为227823.34元，其中86667元由邓某垫付。

【案件焦点】

孔某、武某2未投保交强险，其是否应在交强险限额内承担赔偿责任。

【法院裁判要旨】

北京市海淀区人民法院经审理认为：交管部门所制作的交通事故认定书，法院经审查确认其具有相应的证明力，根据该认定结果，邓某、孔某、武某2应对此次事故承担同等责任。因邓某所驾车辆投保了交强险及商业三者险，故对于武某1的具体损失，应先由财险北京分公司在交强险责任限额范围内予以赔偿；不足部分由承保商业三者险的财险北京分公司根据保险合同予以赔偿；仍有不足的则由侵权人按责任予以赔偿。

北京市海淀区人民法院依照《中华人民共和国侵权责任法》第十六条，《最高人民法院关于审理道路交通事故损害赔偿案件适用法律若干问题的解释》第十六条、第二十七条，《最高人民法院关于审理人身损害赔偿案件适用法律若干问题的解释》第十九条，《中华人民共和国民事诉讼法》第六十四条第一款、第一百四十四条，《最高人民法院关于适用〈中华人民共和国民事诉讼法〉的解释》第九十条，判决如下：

一、财险北京分公司在机动车第三者责任强制保险赔偿限额内，赔偿武某1医疗费一万元，本判决生效后七日内履行；

二、财险北京分公司在机动车第三者责任商业保险范围内，赔偿武某1医疗费43718.78元，本判决生效后七日内履行；

三、孔某、武某2各赔偿武某1医疗费43718.78元，本判决生效后七日内履行；

四、财险北京分公司，在机动车第三者责任商业保险范围内，向邓某支付其所垫付的医疗费28889元，本判决生效后七日内履行。

财险北京分公司不服原审判决，提起上诉。北京市第一中级人民法院经审理认为：本案争议核心问题是孔某未投保交强险，其是否应在交强险限额内承担赔偿责任。《最高人民法院关于审理道路交通事故损害赔偿案件适用法律若干问题的解释》第十九条第一款规定："未依法投保交强险的机动车发生交通事故造成损害，当事人请求投保义务人在交强险责任限额范围内予以赔偿的，人民法院应予支持。"《机动车交通事故责任强制保险条例》第十一条规定："投保人投保时，应当向财险北京分公司如实告知重要事项。重要事项包括机动车的种类、厂牌型号、识别代码、牌照号码、使用性质和机动车所有人或者管理人的姓名（名称）、性别、年龄、住所、身份证或者驾驶证号码（组织机构代码）、续保前该机动车发生事故的情况以及国务院保险监督管理机构规定的其他事项。"本案中，孔某骑行的车辆虽经鉴定为"摩托车"，属于机动车，但该车辆不具备取得申领机动车号牌及行驶证的条件，孔某对于该车辆未投保交强险主观上不存在过错，客观上也无法对该车辆投保交强险。上述司法解释规定的投保义务人在交强险责任限额范围内承担赔偿责任，应以其未履行投保交强险的法定义务为前提。孔某的车辆客观上不具备投保交强险的条件，孔某未投保交强险不属于未履行法定投保义务，其与可投保而未投保交强险有本质上的区别，故一审法院未认定孔某在交强险限额范围内承担赔偿责任并无不妥。财险北京分公司就此提出的上诉理由，法院不予采纳。

综上，财险北京分公司的上诉请求不能成立，应予驳回；一审判决认定事实清楚，适用法律正确，应予维持。依据《中华人民共和国民事诉讼法》第一百七十条第一款第（一）项规定，判决如下：

驳回上诉，维持原判。

【法官后语】

本案核心争议是电动车被认定为机动车且未投保交强险，电动车一方是否应在交强险限额内承担赔偿责任的问题。现实生活中，“超标”电动车上路行驶的情况十分普遍，这些电动车往往都没有投保交强险。“超标”电动车经交通管理部门技术鉴定为机动车后，如何正确理解和适用《最高人民法院关于审理道路交通事故损害赔偿案件适用法律若干问题的解释》（以下简称《道交解释》）第十九条第一款中“未依法投保交强险的机动车发生交通事故造成损害，当事人请求投保义务人在交强险责任限额范围内予以赔偿的，人民法院应予支持”的规定成为该案中难点。

一、现实中电动车的行政管理与交强险投保现状

根据新颁布的GB 17761—2018《电动自行车安全技术规范》（以下简称新标准），电动自行车应当符合“具有脚踏骑行能力、电驱动或/和电助动功能，最高设计车速不超过25km/h，整车质量小于或等于55kg，蓄电池电压小于或等于48V，额定连续输出功率小于或等于400W”要求，新标准颁布后，大量在用电动车均面临不合规问题。一方面，超标电动车无法纳入电动自行车的监管范围；另一方面，超标电动车也不属于公安交通管理部门的机动车管理序列，超标电动车并未被强制要求上牌、发放行驶证，实际上，公安交通管理部门对此类电动车一般不予办理登记挂牌。无牌照的电动车是无法购买交强险的，即使公安交通管理部门对电动车登记后发放号牌，但根据《机动车交通事故责任强制保险条例》第十一条规定：“投保人投保时，应当向财险北京分公司如实告知重要事项。重要事项包括机动车的种类、厂牌型号、识别代码、牌照号码、使用性质和机动车所有人或者管理人的姓名（名称）、性别、年龄、住所、身份证或者驾驶证号码（组织机构代码）、续保前该机动车发生事故的情况以及国务院保险监督管理机构规定的其他事项”，由于电动车无一般机动车的车辆识别代码和发动机号码，作为交强险保险人的财险北京分公司无法确认电动车的唯一性，也不向电动车所有人销售交强险。总之，由于目前我国对电动车的相关管理制度尚不完善，超标电动车所有人投保交强险不具有现实可能性。

二、未投保交强险的电动车被鉴定为机动车后不宜在交强险限额范围内承担赔偿责任

本案中，公安部门对孔某事发时骑行的无号牌白色二轮车辆进行鉴定，结论为机动车。财险北京分公司认为，据《道交解释》第十九条规定，孔某为机动车所有人，同时也是交强险投保义务人，现孔某未投保交强险，财险北京分公司要求孔某在交强险责任限额范围内予以赔偿，法院应当予以支持。但是，我国交强险是强制购买，根本目的是缓解肇事者无力赔偿、机动车肇事后逃逸等导致的受害人赔偿问题，《道交解释》第十九条之所以如此规定，是因为任何规避交强险投保的行为都不应得到法律的积极评价，在法律上体现为由投保义务人个人在交强险责任限额范围内赔偿他人损失。上述司法解释规定的投保义务人在交强险责任限额范围内承担赔偿责任，应以其未履行投保交强险的法定义务为前提。如前所述，基于当前现状，本案车辆不具备取得申领机动车号牌及行驶证的条件，法律亦不应苛责客观上无法购买交强险的电动车所有人在交强险责任限额范围内赔偿损失，孔某对于该车辆未投保交强险主观上不存在过错，客观上也无法对该车辆投保交强险。因此，孔某不属于未履行“依法投保交强险”的义务，财险北京分公司要求孔某在交强险责任限额范围内承担相应赔偿责任，不应得到支持。

三、处理过渡期内的电动车交强险赔付应把握行政管理职能与民事司法裁判的关系

根据《市场监管总局、工业和信息化部、公安部关于加强电动自行车国家标准实施监督的意见》，对新标准实施前在用的既不符合旧标准也不符合新标准的电动自行车，设置过渡期，发放临时号牌。未按地方规定领取临时号牌以及过渡期满后仍上路通行的，公安机关要严格依法处罚。有观点认为，新标准施行后，既不符合标准也未领取临时号牌的电动车上路不具有合法性，如发生交通事故理应在交强险责任限额范围内承担相应赔偿责任。笔者认为，该类行政管理规定旨在加快淘汰在用不符合新标准的车辆，在涉及交强险赔付时，不构成其应当承担交强险责任限额范围内赔付责任的违法性基础。为了避免类似

情况发生，有赖于相关部门完善电动车管理制度，在生产管理、销售监管、登记使用等方面建立长效机制。考虑车主是否未履行投保交强险的法定义务，应主要考察车主对于未投保交强险主观上是否存在过错，如因机动车行政管理上的原因导致客观上无法对车辆投保交强险，法律不应苛责车主承担交强险责任限额内的赔付责任。笔者认为，注意把握行政管理职能与民事司法裁判的关联性及区别性可以最大限度实现法律效果和社会效果的统一。

编写人：北京市第一中级人民法院　陈伟　陈大林

10

机动车交通事故中未投保交强险的涉军警车的责任认定

——李某等诉消防救援局等机动车交通事故责任案

【案件基本信息】

1. 裁判书字号

北京市第二中级人民法院（2020）京02民终6449号民事判决书

2. 案由：机动车交通事故责任纠纷

3. 当事人

原告（被上诉人）：李某、徐某才、徐某成、徐某忠

被告（上诉人）：消防救援局

被告（被上诉人）：王某逸、财险北京分公司

【基本案情】

2018年6月25日，在北京市东二环辅路潘家园25号楼前，郭某驾驶小型轿车由南向北行驶，适有王某逸驾驶无号牌三轮摩托车（内乘徐某）由北向北掉头，郭某所驾车辆左前部与王某逸所驾车辆右侧接触，造成三轮摩托车侧翻，

两车损坏，王某逸、徐某受伤。之后，北京市公安局公安交通管理局东城交通支队作出《道路交通事故认定书》，认定王某逸未取得机动车驾驶证驾驶三轮摩托车在掉头时发生交通事故的违法行为是事故发生的主要原因，郭某驾驶机动车在行驶中未确保安全发生交通事故的违法行为是事故发生的次要原因，王某逸驾驶未依法登记的摩托车进入非机动车道行驶和未按规定佩戴安全头盔的违法行为、徐某乘坐摩托车时未按规定佩戴安全头盔的违法行为不是事故发生的原因。事故发生当日，徐某被送至北京朝阳急诊抢救中心救治，后于2018年7月2日去世。在治疗期间，徐某共支付医疗费46609.91元及护理费1440元。郭某驾驶的事故车辆系登记在消防救援局名下，该车辆在财险北京分公司投保有50万元商业三者险、不计免赔险等商业保险，未投保交强险。郭某是消防救援局职员，其于履行职务过程中发生交通事故。2019年2月13日，北京市朝阳区人民法院作出（2019）京0105刑初327号刑事判决，认定王某逸犯交通肇事罪，判处有期徒刑一年，缓刑一年。该判决业已生效。徐某出生于1933年1月16日，其妻子李某及三名子女徐某才、徐某成、徐某忠诉至法院要求消防救援局、王某逸承担死亡赔偿金、精神损害抚慰金等各项损失。

【案件焦点】

消防救援局案涉武警部队车辆未投保交强险的赔偿责任是否应由财险北京分公司在商业三者险的范围内承担。

【法院裁判要旨】

北京市东城区人民法院经审理认为：消防救援局未给肇事车辆办理交强险，从而导致李某、徐某成、徐某忠、徐某才无法获得交强险限额范围内的赔偿。对李某等人因此次事故造成的合理损失，消防救援局应当首先在交强险各分项限额内承担责任。据此，北京市东城区人民法院判决如下：

一、消防救援局于判决生效后十日内，赔偿李某、徐某成、徐某忠、徐某才医疗费10000元、死亡赔偿金110000元；

二、财险北京分公司于判决生效后十日内，赔偿李某、徐某成、徐某忠、徐某才医疗费 10982.97 元、住院伙食补助费 210 元、护理费 432 元、营养费 105 元、死亡赔偿金 68985 元、交通费 1200 元、丧葬费 15240.6 元；

三、王某逸于判决生效后十日内，赔偿李某、徐某成、徐某忠、徐某才医疗费 25626.94 元、住院伙食补助费 490 元、护理费 1008 元、营养费 245 元、死亡赔偿金 160965 元、交通费 2800 元、丧葬费 35561.4 元；

四、驳回李某、徐某成、徐某忠、徐某才的其他诉讼请求。

消防救援局不服一审判决，提出上诉。

北京市第二中级人民法院经审理认为：《中华人民共和国道路交通安全法》适用于中华人民共和国境内的所有车辆驾驶人及有关单位，适用主体并未排除解放军和武警部队在编车辆。虽然《机动车交通事故责任强制保险条例》第四十四条规定“中国人民解放军和中国人民武装警察部队在编机动车参加机动车交通事故责任强制保险的办法，由中国人民解放军和中国人民武装警察部队另行规定”，但该条款只是对军队在编车辆参加交强险的办法由解放军和武警部队另行规定进行的指引，并不能得出解放军和武警部队在编车辆可以不投保交强险的结论。另外，根据财险北京分公司向本院提交的保险合同可以证明，已有解放军和武警部队在编车辆在保险公司投保交强险的实例，消防救援局上诉主张与现实情况不符。消防救援局作为投保义务人未投保交强险，应在交强险责任限额范围内自行承担对受害人的赔偿责任。综上，北京市第二中级人民法院判决如下：

驳回上诉，维持原判。

【法官后语】

本案涉及的争议焦点为军车、警车等具有特殊性质的在编车辆是否应当履行应投保机动车交通事故责任强制保险义务的法律问题。

本案的难点就在于军车、警车一类车辆的特殊属性是否是免除其投保机动车交通事故责任强制保险义务的合法理由，机动车交通事故责任强制保险是否将军车、警车排除在其保险标的之外。根据《中华人民共和国道路交通安全法》第二条规定：“中华人民共和国境内的车辆驾驶人、行人、乘车人以及与道路交通活动有关的单位和个人，都应当遵守本法。”该规定表明《中华人民共和国道路交通安全法》适用于中华人民共和国境内的所有车辆驾驶人及有关单位，适用主体并未排除解放军和武警部队在编车辆。虽然《机动车交通事故责任强制保险条例》第四十四条规定“中国人民解放军和中国人民武装警察部队在编机动车参加机动车交通事故责任强制保险的办法，由中国人民解放军和中国人民武装警察部队另行规定”，但该条款只是对军队在编车辆参加交强险的办法由解放军和武警部队另行规定进行的指引，并不能得出解放军和武警部队在编车辆可以不投保交强险的结论，在中国人民解放军和中国人民武装警察部队未另行规定针对中国人民解放军和中国人民武装警察部队在编机动车参加机动车交通事故责任强制保险的办法的情况下，《机动车交通事故责任强制保险条例》的相关规定对中国人民解放军和中国人民武装警察部队在编机动车投保交强险仍然适用。

伴随我国经济社会的快速发展，机动车保有量持续攀升，同时道路交通事故也频频发生，必然会对个人、家庭以至于社会带来破坏性影响，尤其是在受害人医疗费用以及其他损失由于加害人可供赔偿财产金额不足或者是主观恶意拖欠而无法得到补偿的情况下，会使得交通事故由个人侵权纠纷结果上升为社会问题，从而进一步增加社会不稳定因素。机动车强制责任保险制度关系人民群众生命财产安全，为交通事故受害人提供及时和基本的保障，通过该制度能够为受害人损失提供救助补偿，并降低交通事故直接责任人的经济负担，从而实现损失分担的社会化，有利于维护社会和谐稳定，并实现可持续发展。因此，在道路上行驶的机动车投保交强险是国家法律规定的强制义务，解放军和武警部队未就其在编车辆投保交强险的办法作出具体规定，不能成为其在编车辆免除法定交强险投保义务的理由。此外，在现实生活中已有解放军和武警部队在编车辆在保险公司投保交强险的实例，并不存在解放军和武警部队车辆不能投保交强险的客观障碍，故无论是从法律规定还是保险市场上的现实情况来看，军车、警车的产权单位在无具体特别规定的情形下，应当遵守法律规定，为车辆投保交强险。不能以其性质为在编军车或警车为由免除法定交强险投保义务。

另，本案中，消防救援局与财险北京分公司并未在商业三者险合同中明确约定由保险人财险北京分公司在商业三者险的承保范围内承担交强险的赔偿责任，故消防救援局要求财险北京分公司承担交强险的赔偿责任亦缺乏事实及法律依据。

编写人：北京市第二中级人民法院　李蔚林　朱鑫壤

11

交通事故中负全责的外卖骑手赔偿责任的认定

——史某诉贾某等机动车交通事故责任案

【案件基本信息】

1. 裁判书字号

北京市西城区人民法院（2019）京0102民初1143号民事判决书

2. 案由：机动车交通事故责任纠纷

3. 当事人

原告：史某

被告：贾某、人力资源公司、科技公司、财险北京分公司、财险南京分公司

【基本案情】

2019年5月22日13时32分，北京市朝阳区朝阳路高碑店北路北口至兴隆西街北口段兴隆西街北口，贾某驾驶车牌号为京BZ6×××的轻便两轮摩托车由东向西行驶，史某由北向南步行，在人行道上发生交通事故，造成车辆接触部位损坏，史某受伤。经北京市公安局公安交通管理局朝阳交通支队双桥大队认定，由贾某负事故全部责任。

事故发生后，史某被送至民航总医院就诊，共计住院5天。于2019年5月27日转入北京积水潭医院继续住院治疗，共计住院16天，两次住院共计21天。医疗费数额共计229055.66元。经鉴定史某右膝关节功能部分丧失，构成十级伤残，右踝关节功能部分丧失，构成十级伤残，累计伤残赔偿指数为15%，误工期180日，护理期90日，营养期90日，原告支付鉴定费3150元。原告系非农业户口，定残之日原告年龄为67周岁。

事故当日，贾某最后一笔订单的完成时间为2019年5月22日13时15分26秒，其驾驶的二轮轻便摩托车在财险北京分公司投保有机动车交通事故责任强制保险，事故发生在保险期限内。

贾某在某众包平台注册成为众包员，与人力资源公司建立劳务关系并签订《劳务协议》。科技公司系某众包平台经营者，科技公司与人力资源公司签订《平台服务协议》。事故当日，人力资源公司已为贾某在财险南京分公司投保某骑手保障组合产品保险，保费由贾某自行缴纳，每天第一单扣除3元作为当日保费，保险期间为2019年5月22日11时起至2019年5月23日2时止，保障项目包括意外身故、残疾给付、个人综合责任、意外医疗费用补偿。史某要求赔偿损失，贾某等不同意其诉讼请求。

【案件焦点】

1. 事故发生时骑手是否从事职务行为；2. 骑手与某平台科技公司、人力资源公司之间的关系；3. 骑手保险（在本案中为某骑手保障组合产品保险）的性质，是否在机动车交通事故责任纠纷中一并处理保险纠纷。

【法院裁判要旨】

根据双方当事人陈述及相关证据，北京市西城区人民法院经审理认为：机动车发生交通事故造成人身伤亡、财产损失的，由保险公司在机动车交通事故责任强制保险及商业第三者责任保险限额内予以赔偿。不属于保险公司赔付部分，由当事人依法赔偿。史某与贾某发生交通事故，经交管部门认定，由贾某负事故全部责任，双方当事人均无异议，本院对该事实予以确认。对于史某的合理损失，应由贾某承担赔偿责任。

事故发生时骑手贾某虽然并未在接单取餐或送餐过程中，但本案事故发生时间和事发前骑手最后一笔订单结束时间间隔不足 20 分钟，考虑到骑手送餐后需要时间返回交通工具处，亦需要时间等待新订单，其送餐后原地不动等待不符合常理，故其送餐结束后返回路途中或等待新订单的期间亦应视为其劳务期间的延续，应视为其工作期间，属于工作行为。

科技公司系某外卖的平台管理者，其与人力资源公司签订有《平台管理协议》，协议约定：众包员是指申请注册众包平台，自愿与人力资源公司形成劳务关系并签署劳务协议，通过众包平台自主选择用户发布的配送服务信息，代表劳务服务公司完成配送任务事项，并在配送任务事项完成后获得相应报酬的完全民事行为能力人；可提供劳务的人员注册众包平台并确认劳务协议，即视为该劳务人员与人力资源公司达成劳务协议，成为众包员，后续可为人力资源公司完成用户发布的劳务需求，人力资源公司对众包员进行管理和劳务报酬的结算和发放，并就众包员执行劳务相关的行为承担责任。上述协议对众包骑手的定义、劳务协议的签署、众包骑手劳务报酬的发放和结算、骑手保险等内容均有明确的约定，故骑手与科技公司之间并不存在劳动或劳务关系。

骑手虽为自行下载某 APP 并按照操作要求注册成为众包骑手，但在注册过程中需与人力资源公司签订线上《劳务协议》，该协议明确约定，“劳务公司是指与众包员签署劳务协议，形成劳务关系并向众包员发放劳务报酬的人力资源公司”，再结合《平台管理协议》相关规定，可以认定骑手与人力资源公司之间为劳务关系，故骑手承担的责任应由人力资源公司承担。

人力资源公司虽为贾某在财险南京分公司购买了骑手保障组合产品保险，其中包括个人综合责任险保险金额 25 万元，人身伤害限额 20 万元，财产损失限额 5 万元。但该项保险并非我国《道路交通安全法》中规定的交强险或商业三者险，并不适用先行赔付的相关法律规定，在性质上应属于保险合同纠纷，在法律适用上应选择保险合同规定的相关条款，与本案纠纷并不属于同一法律关系，因此不适宜一并处理，可另案主张。

判决如下：

一、本判决生效后十五日内，被告财险北京分公司在机动车交通事故责任强制保险规定的责任限额内，赔偿原告史某医疗费3400元、住院伙食补助费2100元、营养费4500元、护理费14300元、残疾辅助器具费4805元、交通费1500元、精神损害抚慰金10000元、残疾赔偿金79395元、财产损失500元，以上共计120500元；

二、本判决生效后三十日内，被告人力资源公司赔偿原告史某医疗费225616.66元、残疾赔偿金64610.55元、鉴定费3150元，以上共计293377.21元；

三、驳回原告史某的其他诉讼请求。

【法官后语】

在互联网高速发展的新时代下，“互联网+美食=外卖”模式应运而生，这种便捷的服务改变了我们的生活方式，外卖骑手不仅可以帮我们送美食，还可以帮我们买药、跑腿代购，“点外卖”成了我们生活中不可或缺的事情。且想成为一名“骑手”亦相当简单，只需要一部智能手机+交通工具即可。现实中，为避免送餐超时被扣钱，骑手往往在马路上快速穿梭，导致交通事故频发。外卖骑手作为一种新兴职业，有别于传统的劳动或劳务关系，因为他们工作场所不固定，没有相应的考勤制度，是否接单、何时接单都“随心所欲”，发生交通事故后如何赔偿，由谁来赔偿成为亟待解决的问题。

一、骑手发生交通事故后，首先要明确发生交通事故时骑手是工作行为还是个人行为

《中华人民共和国民法典》第一千一百九十一条规定，用人单位的工作人员因执行工作任务造成他人损害的，由用人单位承担侵权责任。用人单位承担侵权责任后，可以向有故意或者重大过失的工作人员追偿。劳务派遣期间，被派遣的工作人员因执行工作任务造成他人损害的，由接受劳务派遣的用工单位承担侵权责任；劳务派遣单位有过错的，承担相应的责任。外卖骑手对外是以外卖公司的名义接单、送餐，工作时亦身着外卖公司统一的制服，交通工具后亦放置标有快递公司标志的置物篮，如确在接单、送餐过程中发生交通事故，

明显属于履行送餐职责的工作行为，应由用人单位承担赔偿责任。

难点在于，骑手在接单、送餐过程之外发生交通事故如何认定。因外卖骑手为自助接单方式，平台或外包公司并未规定接单数量，骑手可能在结束一单后继续接单，也存在赶不上时间不接单的情况，此时则应视案件情况具体问题具体分析。在本案中，事故发生时间为2019年5月22日13时32分，骑手在事发前最后一笔订单结束时间为2019年5月22日13时15分26秒，间隔不足20分钟，考虑到骑手在送单结束后需要时间返回到交通工具旁，亦需要时间等待新订单，其送餐后原地不动等待新订单不符合常理，故其送餐结束后返回路途中或等待新订单的期间亦应视为其劳务期间的延续，应视为其工作期间，属于工作行为。如发生交通事故时间与事故前最后一单结束时间间隔过长，则不宜认定为是履行送单职责的行为，不宜认定由用人单位承担赔偿责任。

二、在确定是履行职务行为后，则要明确具体用人单位，也即由谁来实际承担赔偿责任的问题

现实生活中，往往会存在平台管理者和外包单位两家公司，有的案件还会有转包情况。不论涉及多少公司，首先要审查的是平台管理方与外包公司之间是否有书面协议，协议对双方的权利义务如何约定，特别是对众包员也即骑手如何约定，如何招募骑手，由谁招募等，以此判断平台管理者是否需要承担相应责任。另外，还要审查外包公司与骑手之间是否签订有书面协议，特别是对薪酬、奖惩等事项的约定。外包公司往往会以不约束骑手工作量、工作时间、对骑手不存在管理行为等事由进行抗辩，因此如何确定实际用人单位，还要综合考虑对骑手的管理、薪酬、福利、奖惩、保险等多方面因素。

在本案中，某APP的平台管理者为科技公司，骑手自行下载某APP并按照操作要求注册成为众包骑手，但在注册过程中需与人力资源公司签订线上《劳务协议》后，才能继续进行下一步操作，在该劳务协议中明确约定，劳务公司是指与众包员签署劳务协议，形成劳务关系并向众包员发放劳务报酬的人力资源公司，且人力资源公司亦为骑手投保有骑手险，再结合科技公司与人力资源公司签订的《平台管理协议》相关规定，可以综合认定骑手与人力资源公司之

间为劳务关系，故骑手应承担的责任应由人力资源公司承担。

三、骑手保险的性质如何，当事人主张一并处理的是否能够直接赔付

实践中各个法院对此把握尺度不一致，个人认为，该类骑手保险属于人身、财产综合保险，属于保险合同法范畴，在法律适用上应选择保险合同规定的相关条款，并不适用先行赔付的相关法律规定，因此不适宜一并处理，可另案主张。

在实践中，因外卖骑手与配送平台之间用工模式不同，各方需要承担责任的方式也有所不同。但在此仍需提醒外卖骑手，骑行送餐时应遵守交通法规，谨慎行驶，对他人和自己的生命安全负责。同时各配送平台或外包公司也应规范用工，加强对骑手的管理培训及安全知识教育，切实担负起用人单位的职责，构建更加科学合理的管理方式和更加完善的运行模式。

编写人：北京市西城区人民法院　张园园

12

注册骑手网络配送途中致损的各方责任分担

——刘某诉古某等机动车交通事故责任案

【案件基本信息】

1. 裁判书字号

广东省梅州市梅县区人民法院（2020）粤 1403 民初 2151 号民事判决书

2. 案由：机动车交通事故责任纠纷

3. 当事人

原告：刘某

被告：古某、人力资源公司、网络科技公司

【基本案情】

2020年4月18日，被告古某驾驶无号牌普通二轮摩托车，从梅县区扶外路往梅江区学院大道方向行驶，19时30分左右行驶至沿江北路沿江半岛中段时，追尾碰撞由原告刘某骑行的自行车，造成刘某受伤及自行车损坏的交通事故。对该事故调查处理后，梅州市公安局梅县区分局交通警察大队作出《道路交通事故认定书》，认定古某负事故全部责任；刘某无责任。原、被告对事故认定无异议。本次事故中肇事车辆即被告古某驾驶的无号牌普通二轮摩托车系古某本人所有，该车未投保机动车交通事故责任强制险和机动车第三者商业责任险。原告在事故发生后，即被送至医院住院治疗。经委托鉴定，刘某构成十级伤残。

被告人力资源公司于2015年8月11日注册成立，经营范围包含发布求职、招聘等业务。被告网络科技公司于2018年12月25日注册成立，经营范围包含国内货运代理等。被告网络科技公司系某骑士APP的运营方，负责某同城快递在广东省与云南省的业务，被告人力资源公司承包了被告网络科技公司的相关业务，进行线下推广、招募骑手等。被告古某系被告人力资源公司招募的骑手，其在被告人力资源公司的梅州地区负责人的指引下，今年3月在上述APP中进行了相关的注册登记后开始接单，其工资报酬是通过接单的数量进行发放的，以件计酬，平台从寄件费用中扣除部分服务费用，其余费用均会返还给骑手。被告古某未与上述两家公司签订劳动合同，自备运输车辆，自由接单。

【案件焦点】

1. 关于骑手与配送软件平台的法律关系如何界定；2. 骑手在网络配送途中致人损害，赔偿责任如何承担。

【法院裁判要旨】

广东省梅州市梅县区人民法院经审理认为：劳动关系，是指用人单位招用劳动者为其成员，劳动者在用人单位的管理、指挥与监督下提供有报酬的劳动而产生的权利义务关系。古某通过配送软件某骑士APP，可自行选择是否接单，接受工作具有较大自主性；工资报酬通过接单的数量进行发放，以件计酬，与其劳务付出具有对价性，没有底薪、多送多得的报酬给付方式不同于一般意义上的工资，不受最低工资标准限制。古某与人力资源公司、网络科技公司之间从属性不强，不存在人身依附性，亦无建立劳动关系的合意，不具备劳动关系的其他主要特征，不构成劳动关系。古某以自己的车辆自行在网络科技公司运营的平台接单后完成配送工作，并以此在该平台计算报酬，应构成承揽关系。

至于责任承担的问题。古某作为直接的侵权人应依法承担赔偿责任。古某在某骑士 APP 注册登记成为骑手时，网络科技公司并未对其驾驶用于派件机动车的车辆登记情况、投保情况等进行实质审查；人力资源公司作为网络科技公司的商业合作伙伴，承包了其相关业务，进行线下推广和骑手招聘等工作，亦未对古某提供用于派件车辆的行驶证、投保情况、车况等进行审查或管理。两公司未提交证据证明其已经履行上述审慎管理的义务，其疏于管理的行为必然导致招募的骑手存在一定的道路安全隐患。古某驾驶的系无号牌普通二轮摩托车且未投保相关车辆保险，存在明显的道路安全隐患。综合各方的过错程度，由古某承担 50% 的侵权责任，人力资源公司与网络科技公司共同承担 50% 的侵权责任。在本案审理过程中，人力资源公司提出愿意代替网络科技公司履行相应的赔偿义务，原告明确同意，双方自愿达成的调解协议，不违反法律规定，予以确认。

原告在此次事故中的合理合法损失费用共计 169357.88 元。根据本案的实际情况、原告诉请和相关法律规定，由被告古某赔偿原告刘某因本次交通事故造成的各项损失合计 169357.88 元 ×50% －5100 元（已赔付）＝79578.94 元；被告人力资源公司赔偿原告刘某因本次交通事故造成的各项损失合计 84678.94 元。

综上，依照《中华人民共和国侵权责任法》第二条、第三条、第六条、第十六条、第四十八条，《中华人民共和国道路交通安全法》第七十六条，《最高人民法院关于审理人身损害赔偿案件适用法律若干问题的解释》第十七条、第十八条、第十九条、第二十条、第二十一条、第二十二条、第二十三条、第二十四条、第二十五条、第三十条，《最高人民法院关于审理道路交通事故损害赔偿案件适用法律若干问题的解释》第十六条，《中华人民共和国民事诉讼法》第六十四条之规定，判决如下：

一、被告古某应于判决生效后十日内赔偿原告刘某因本次交通事故造成的各项损失79578.94元；

二、被告人力资源公司应于判决生效后十日内赔偿原告刘某因本次交通事故造成的各项损失84678.94元；

三、驳回原告刘某的其他诉讼请求。

【法官后语】

近年来，在“互联网+”环境下，共享经济引领“网约”“派单”等新模式蓬勃发展，吸纳了大批“快递骑手”“外卖小哥”等物流行业的劳动力就业创业，普遍带有个体性、临时性、兼职性的职业特点。当注册骑手在网络配送途中发生交通事故致人损害，争议焦点在于骑手与配送软件平台的法律关系如何界定，不同法律关系下的赔偿责任主体及承担方式亦不同。

当骑手与平台或代理商缔结的是劳动关系，骑手在履行职务过程中发生交通事故致人损害时，根据《中华人民共和国侵权责任法》第三十四条第一款规定，应由用人单位即平台或代理商承担赔偿责任。而骑手与平台形成的是承揽关系时，骑手在网络配送过程中发生交通事故致人损害，根据原《最高人民法院关于审理人身损害赔偿案件适用法律若干问题的解释》（法释〔2003〕20号，以下简称《人身损害赔偿司法解释》）第十条规定，骑手在完成工作过程中对第三人造成损害，平台不承担赔偿责任，但平台对定作、指示或者选任有过失的，应当承担相应的赔偿责任。本案处理时，在责任分配方面认定平台、承包方基于选任过失与骑手承担同等责任，一方面有利于促使经营企业完善注册准入程序、加强相关环节的审查；另一方面也有利于促使平台、承包方、骑手提升自己的注意义务和安全意识。

值得注意的是，本案诉讼发生在《中华人民共和国民法典》实施之前，为了后续类案处理时能衔接《中华人民共和国民法典》的规定，笔者对法律适用问题进行了相关梳理。《中华人民共和国侵权责任法》第三十四条第一款仅规定了用人单位的替代责任，即由非行为人对行为人的侵权行为承担责任，针对的是与受害人之间的外部求偿关系，未明确用人单位与工作人员之间的内部求偿关系。《中华人民共和国民法典》侵权责任编则增加了用人单位追偿权的规定，用人单位承担侵权责任后，可以向有故意或者重大过失的工作人员追偿。关于承揽人在完成承揽事项中致人损害的侵权责任，在民法典颁布之前的法律中未作规定，审判实践中都是适用原《人身损害赔偿司法解释》第十条，本案处理时适用的就是该规定。但原《人身损害赔偿司法解释》现已失效，新修订的《最高人民法院关于审理人身损害赔偿案件适用法律若干问题的解释》删除了这条规定，该内容主要被民法典侵权责任编所吸收，具体规定在第一千一百九十三条。民法典在吸收既有立法和司法经验、保持法的稳定性基础上，为了适应时代发展的需要，对侵权责任制度作了必要的补充和完善，使侵权责任制度更加公平、合理。

共享经济下，作为运营涉快递业务的配送平台、线下骑手招募承包方为规避法律责任、降低成本，往往用宽松、低门槛的管理模式招募更多的人员加入，而个人通过注册即可加入成为快递骑手，这种新型的就业模式存在相当大的随意性和灵活性。因此，在处理快递骑手网络配送途中致人损害案件时，司法裁判在民事主体间分配权利义务时，需在法律关系基础上，综合考量并合理进行责任分配，切实发挥司法裁判的引导作用，促使企业加强审查管理，实现司法公平正义。

编写人：广东省梅州市梅县区人民法院　叶欢　林小凤

13

买受人持车辆出卖人交付的伪造交强险保单在交通事故中是否承担交强险赔偿责任

——邱某诉刘某等机动车交通事故责任案

【案件基本信息】

1. 裁判书字号

黑龙江省七台河市中级人民法院（2020）黑09民终3号民事判决书

2. 案由：机动车交通事故责任纠纷

3. 当事人

原告（被上诉人）：邱某

被告（被上诉人）：刘某、财险枣庄分公司

被告（上诉人）：杨某

【基本案情】

2018年10月18日20时许，邱某驾驶黑K06×××号小型轿车在新兴区新建街与宝泰隆路交叉口处与刘某驾驶的黑KR5×××号小型轿车发生交通事故，造成邱某受伤及双方车辆受损的交通事故。此事故经七台河市交警队责任认定刘某应承担主要责任，邱某承担次要责任。邱某因该事故受伤住院治疗55天，花费医疗费12499.54元，检查费1530.14元，120急救费429.70元，修车费17310.00元，拖车费500.00元，鉴定费3000.00元，鉴定交通费296元。邱某伤后经伤残能力鉴定构成十级伤残，护理期限为四个月、误工期为六个月、营养期为90天。邱某伤前月工资为2800.00元，护理人月工资为4000.00元。刘某因此次事故受伤花费医疗费1455.92元。邱某起诉至法院，请求被告按责任承担赔偿责任。另查明，刘某所有的牌照为黑 KR5×××的小型轿车系刘某于 2018 年 2 月 5 日从杨某处以 20000.00 元的价格购买，购买时该车辆未投保交强险。刘某当庭提供的财险枣庄分公司的交强险保单系伪造。

【案件焦点】

肇事车辆交强险保单系伪造的情况下，发生交通事故后由谁在交强险责任限额内承担赔偿责任。

【法院裁判要旨】

黑龙江省七台河市新兴区人民法院经审理认为：本案系机动车交通事故责任纠纷，邱某主张损失首先由财险枣庄分公司在交强险限额内承担责任，超出部分由刘某按责任比例予以承担，理应予以支持。但刘某当庭出示的交强险保单涉嫌伪造非有效保单，其驾驶车辆未在财险公司投保，故财险公司无须承担责任。刘某驾驶车辆系 2018 年 2 月 5 日在杨某处购买，并且合同中约定附带保险，但经查询该车辆上一次系在财险公司北京分公司投保交强险，保险期限截至 2018 年 2 月 1 日。刘某购买车辆时该车辆交强险已经超期，当时车辆所有人即杨某未按法律规定投保交强险，且在交易车辆过程中未如实告知该车辆已无交强险，故杨某应在交强险责任限额内赔偿邱某损失，超出部分由刘某按照 70% 责任比例予以赔偿。

黑龙江省七台河市新兴区人民法院依据《中华人民共和国侵权责任法》第四十八条，《最高人民法院关于审理人身损害赔偿案件适用法律若干问题的解释》第十七条、第十九条、第二十一条、第二十三条、第二十四条、第二十五条规定，作出如下判决：

一、刘某于本判决生效后三日内赔偿邱某 18825.79 元；

二、杨某于本判决生效后三日内赔偿邱某 106478.00 元；

三、驳回邱某其他诉讼请求。

杨某不服一审判决，提起上诉，要求改判其不承担赔偿责任。黑龙江省七台河市中级人民法院经审理认为：刘某提供的交强险保单中的保险责任期间为

2017年12月26日至2018年12月25日，车辆买卖及事故发生均处于该交强险保单的保险责任期间，双方当事人对该交强险保单系伪造的事实均无异议，故财险枣庄分公司在本案中不应承担交强险理赔责任。本案争议的焦点为在肇事车辆交强险保单系伪造的情况下，发生交通事故后由谁在交强险责任限额内承担赔偿责任。本案中，勃利县公安局交警大队车辆档案中案涉车辆交强险保单的保险责任期间为2017年2月2日至2018年2月1日，杨某与刘某买卖案涉车辆的时间为2018年2月5日，此时交警部门存档的交强险保单中的保险责任期间已过期，案涉车辆处于脱保状态。杨某主张已将车辆交强险到期的事实告知刘某，刘某对此不予认可，杨某对其该项主张未提供相应的证据予以证明，而双方在机动车买卖合同中约定杨某向刘某交付的车辆手续中包含保险单，且合同中未注明该保险单已过期。杨某从事二手车经营，案涉车辆买卖合同系由其提供的格式合同，在交强险已经过期的情况下，双方在买卖车辆时无交接必要，且合同中应注明无保险，而不应注明有保险。案涉车辆由杨某从山东省购买后直接出售给刘某，伪造的交强险保单中承保人为财险公司枣庄分公司，车辆的来源地与伪造的交强险保单中承保交强险的保险公司经营地点相同。综合以上事实，本院对刘某主张案涉伪造的交强险保单系购车时由杨某提供的事实予以确认。因杨某出售车辆时提供伪造的交强险保单，导致案涉车辆实际未投保交强险，刘某对此不知情，无法履行购买交强险的法定义务，刘某对其案涉车辆未投保交强险无过错，不应承担赔偿责任。杨某存在过错，应在交强险责任限额内承担赔偿责任。

黑龙江省七台河市中级人民法院依照《中华人民共和国民事诉讼法》第一百七十条第一款第（一）项之规定，作出如下判决：

驳回上诉，维持原判。

【法官后语】

交强险设立的目的是保障机动车道路交通事故受害人能够得到及时的医疗救治和经济救助，促进道路交通安全。交强险属于强制性保险，在我国境内道路上行驶的机动车的所有人或者管理人都必须按照规定投保交强险。根据《最高人民法院关于审理道路交通事故损害赔偿案件适用法律若干问题的解释》第十九条第一款规定，未依法投保交强险的机动车发生交通事故造成损害，当事人请求投保义务人在交强险责任限额范围内予以赔偿的，人民法院应予支持。即未依法投保交强险的车辆发生交通事故，对第三者造成损害，应由投保义务人在交强险的责任限额内承担责任，不足部分再依各方过错划分责任。

本案中，肇事车辆系二手车，出卖人系肇事车辆的原所有人，负有投保交强险的义务，但其在交强险已过期的情况下未为车辆续保，而是将车辆出卖。在车辆交易时，出卖人未告知买受人交强险已过期的事实，且向买受人提供伪造的交强险保单，致使买受人因不知情而未为该车购买交强险，车辆在肇事时处于脱保状态，受害人无法通过交强险得到赔偿。出卖人因未履行投保交强险的义务、伪造交强险保单、未向买受人告知实情，出卖人存在过错，故在车辆肇事时无交强险的情况下，应由出卖人在交强险限额内承担赔偿责任。

近几年，一些社会人员在代理车主办理交强险业务时，未到正规的具有交强险经营资质的保险公司购买保险，而是通过非法途径交付消费者虚假交强险保单，导致车辆出险后无法理赔的事件时有发生。因此，广大车主应通过正规渠道进行投保以避免上当受骗，车辆过户要及时到保险公司办理保险变更手续；在确认购买保险前，要认真阅读投保提示，在未全面了解所购保险的具体内容前，切勿在保单等相关资料上随便签名，在购买车辆保险后，及时拨打所投保保险公司的全国统一对外服务电话或通过其官方网站相关查询系统等方式，确认保险单相关信息的真实性。

机动车加速了不同地区之间的交流，为我们的生活提供了很大便利，广大车主在享受汽车带来的舒适和方便的同时，也要安全驾驶、文明行车、履行投保义务，同时也要积极防范不法分子从事非法行为，保护自身和他人的合法权益。

编写人：黑龙江省七台河市中级人民法院　董树全　解涵

二、交通事故损害赔偿

14

被扶养人的生活费应在裁判中明确

——任某友、张某兰诉混凝土公司、财险北京分公司机动车交通事故责任案

【案件基本信息】

1. 裁判书字号

北京市密云区人民法院（2020）民初6810号民事判决书

2. 案由：机动车交通事故责任纠纷

3. 当事人

原告：任某友、张某兰

被告：混凝土公司、财险北京分公司

【基本案情】

原告任某友、张某兰系任某宝之父母。

2020年5月16日，在北京市密云区密关路王庄桥北，任某宝驾驶车牌号为京N52×××的小型轿车（内乘张某双）由北向南行驶，褚某松驾驶车牌号为京ADH×××的重型特殊结构货车由南向北行驶，小型轿车前部与重型特殊结构货车左前部接触，造成两车损坏，致任某宝、张某双受伤。事故发生后，

任某宝先后被送往北京市密云区医院、航空总医院进行治疗，累计住院 12 天，经抢救无效后于 2020 年 5 月 28 日死亡，原告方支出医疗费 175839.34 元。此次事故，经北京市公安局密云分局《道路交通事故认定书》认定任某宝负主要责任，褚某松负次要责任。

另查明：车牌号为京 ADH×××的车辆在被告财险北京分公司投保了机动车交通事故责任强制保险及 100 万元的商业三者险。被告混凝土公司认可事故发生时的车辆驾驶员褚某松正在执行驾驶工作任务。

因任某宝死亡造成的损失的赔偿问题，各方协商未果，原告任某友、张某兰诉于法院，请求判令被告赔偿原告医疗费 177751.32 元、住院伙食补助费 1200 元、营养费 600 元、护理费 2040 元、误工费 6000 元、丧葬费 63553.5 元、死亡赔偿金 1476980 元、被扶养人生活费 880802 元、精神损害抚慰金 100000 元、尸体鉴定费 2000 元、家属处理丧葬事宜误工费 10000 元、施救费 1700 元、交通费 8000 元、财产损失 5000 元，要求被告在交强险外承担 40% 的赔偿责任。

【案件焦点】

任某友、张某兰已于早年离婚，被扶养人生活费计入死亡赔偿金后，是否合并给付。

【法院裁判要旨】

北京市密云区人民法院经审理认为：机动车驾驶人应当自觉遵守道路交通安全法的规定，注意交通安全。行为人因过错侵害他人民事权益，应当承担侵权责任。被侵权人对损害的发生也有过错的，可以减轻侵权人的责任。

本案中，根据交通事故认定书载明的事故原因及责任认定内容，本院认定“任某宝驾驶机动车超速且未靠右通行”为主要责任，过错责任比例为 70%，“褚某松驾驶机件不符合技术标准”为次要责任，过错责任比例为 30%。褚某松在执行工作任务过程中，因过错造成他人损害的，应由用人单位即混凝土公司承担侵权责任。褚某松所驾肇事车辆为混凝土公司所有，该车辆在财险北京分公司投保了交强险及 100 万元商业三者险，故对于原告方的合理损失，应先由财险北京分公司在机动车交通事故责任强制保险限额内全额赔偿，不足部分，由财险北京分公司在商业第三者责任保险限额内，按照混凝土公司在本次事故中的过错责任比例，承担30%的赔偿责任。

本院对原告方因此次交通事故产生的死亡赔偿金损失予以认定如下：本院按照受诉法院上一年度即2019年北京市居民人均可支配收入66756元标准，结合任某宝的年龄，按赔偿20年计算，合计1335120元；关于被扶养人生活费，被扶养人系无劳动能力又无其他生活来源的人，经查，任某友系退休职工，有固定收入来源，故对其主张被扶养人生活费的请求，本院不予支持；张某兰无固定工作，现已61周岁，劳动能力有限，故对张某兰主张被扶养人生活费的请求，本院予以支持，将参照2019年北京市人均消费支出43038元，结合其年龄，按赔偿19年，除以其子女人数予以计算，合并计入死亡赔偿金一项中，但考虑死亡赔偿金中的被扶养人生活费具有人身专属属性，而任某友、张某兰已于1999年离婚，故本院酌定由赔偿义务人单独给付张某兰此项费用；其他损失略述。

对于原告方的以上损失，首先由财险北京分公司在机动车强制保险限额内全额赔偿；超出部分，再由财险北京分公司在机动车第三者责任保险限额内承担30%乘以90%（免责10%）的赔偿责任，财险北京分公司免除10%部分的赔偿责任，由混凝土公司承担。

判决如下：

一、被告财险北京市分公司在机动车交通事故责任强制保险限额内给付原告任某友、张某兰医疗费、误工费、交通费、死亡赔偿金、精神损害抚慰金、财产损失合计121700元；

二、被告财险北京市分公司在机动车交通事故第三者责任保险限额内给付原告任某友、张某兰医疗费、护理费、死亡赔偿金、丧葬费、尸体鉴定费合计407634元；

三、被告财险北京市分公司在机动车交通事故第三者责任保险限额内给付原告张某兰死亡赔偿金110392.5元。

【法官后语】

被扶养人生活费，是指加害人非法剥夺他人生命权，或者侵害他人健康权致其劳动能力丧失，造成受害人生前或丧失劳动能力以前扶养的人扶养来源的丧失，应依法向其赔偿必要的费用。2020年修正的《最高人民法院关于审理人身损害赔偿案件适用法律若干问题的解释》第十六条明确要求被扶养人生活费计入残疾赔偿金或者死亡赔偿金。

关于死亡赔偿金的性质，我国立法及司法解释均采纳“继承丧失说”，即受害人因人身损害死亡，家庭可以预期的其未来收入因此减少或丧失，使家庭成员在财产上蒙受消极损失，这种未来收入的构成，既包括受害人用于个人的消费支出，也包括其扶养人因此丧失的扶养费的损失。

虽然被扶养人生活费被合并计入死亡赔偿金或伤残赔偿金中，但被扶养人生活费仍保有独立的较强的人身依附属性，主要体现在以下几个方面：一是主张主体具有特定性，需是由受害人依法应当承担扶养义务的人，包括未成年人和丧失劳动能力又无其他生活来源的近亲属，从扩大解释上，还应包括依靠受害人扶养的近亲属以外的其他人；二是赔偿用途的固定性，需是用于被扶养人的合理的生活消费、教育支出及医疗支出，用以保障被扶养人的基础生活必要，不包括精神损害赔偿及提升生活品质方面的支出；三是赔偿费用的专有性，该笔费用应为被扶养人享有，在诉讼中主张赔偿权利的其他近亲属，不得参与分配。

尽管被扶养人生活费具有人身依附属性，但此前，在法院审理的人身损害赔偿案件中，大多没有单独列出赔偿项目。在受害人致残的情况下，往往是受害人作为原告自己提起诉讼，将被扶养人生活费作为诉讼请求之一予以提出；在受害人死亡的情况下，通常提起赔偿诉讼的主体为受害人的配偶、子女、父母，对子女、父母需要扶养的诉讼请求，也混同合并在全部赔偿项目诉讼请求中。而法院目前的判决，也是将被扶养人生活费计入伤残赔偿金或死亡赔偿金中直接确定最终赔偿数额，且大多数判决后没有附带赔偿清单，导致赔偿费用的分配规则变得模糊，无法体现被扶养人生活费设立的价值初衷。另外，在受害人死亡的赔偿案件中，很多受害人配偶将来还会再次组建新的家庭，从而使得赔偿金丧失了共有的基础和协商分配的空间，容易引发其他赔偿金分配诉讼，不利于矛盾一次性化解。

针对以上问题，笔者建议对被扶养人生活费一项，在判决主文中单独列项裁判，或在裁判文书后附带赔偿清单，以明确伤残赔偿金或死亡赔偿金中被扶养人生活费的权利人及数额。如在受害人致残且存在需要扶养人的情况下，列明赔偿义务人赔偿受害人伤残赔偿金共计×元（含被扶养人某某的伤残赔偿金×元）；在受害人死亡且存在需要扶养人的情况下，直接单独列项明确由赔偿义务人直接赔付给需要扶养的原告。

本案中，任某友、张某兰系交通事故中死亡的受害人任某宝之父母。任某友系退休职工，有固定收入来源，不属于无劳动能力又无其他生活来源的人，故没有支持其被扶养人生活费请求；张某兰无固定工作，现已61周岁，劳动能力有限，符合被抚养人条件，可以支持其被扶养人生活费请求；但任某友、张某兰已于1999年离婚，对于赔偿财产不具有共有基础，且死亡赔偿金中的被扶养人生活费具有人身专属性，故本院酌定由赔偿义务人单独给付张某兰此项费用，并在裁判主文中予以单独裁判。

编写人：北京市密云区人民法院　史金杰

15

被扶养人在未达特定条件时仍可支持赔偿生活费

——秦某生、周某格诉高某孝等机动车交通事故责任案

【案件基本信息】

1. 裁判书字号

北京市第三中级人民法院（2021）京03民终1192号民事判决书

2. 案由：机动车交通事故责任纠纷

3. 当事人

原告（被上诉人）：秦某生、周某格

被告（上诉人）：高某孝

被告：建筑公司、财险济宁分公司、姚某龙

【基本案情】

2019年4月5日2时1分，在设有施工围挡的红绿灯路口处，高某孝醉酒驾驶小客车撞击正闯红灯的行人秦某意及姚某龙，导致秦某意死亡。经交管部门认定：高某孝承担事故主要责任；秦某意、姚某龙、建筑公司分别承担事故次要责任。后经复核维持上述道路交通事故认定。高某孝受刑事处罚。事发后，死者秦某意的父亲秦某生、母亲周某格提起诉讼，主张包括被扶养人生活费在内的各项损失。

案件审理过程中，二原告为证明其本人均丧失劳动能力，向法庭提交了所居住地村委会出具的证明，内容为："我村村民秦某生，男，汉族，现年54岁，因患高血压、心脏病，常年吃药，无劳动能力。其妻子周某格是残疾人，更无劳动能力等。"

【案件焦点】

被扶养人在劳动能力认定时未满法定退休年龄且未达到特定伤残等级时是否可支持被扶养人生活费。

【法院裁判要旨】

北京市通州区人民法院认为：醉酒驾驶机动车发生交通事故导致第三人人身损害，当事人请求财险济宁分公司在交强险责任限额范围内予以赔偿，人民法院应予支持。被扶养人生活费自始至终都是受害人未来收入损失的一部分，在被扶养人未达特定年龄、未达特定伤残等级时，收入来源未符合当地脱贫或收入统计方案和规定时，亦应综合考虑认定被扶养人生活费。对于死亡赔偿金及被扶养人生活费计算的依据和标准，虽然原告提交的劳动合同书与其提交的工作证明、收入证明中的入职时间有矛盾，但是结合村委会证明、银行交易明细等综合判断，本院认定秦某意的经常居住地及主要收入来源地为城镇，按照城镇居民标准予以计算。判决如下：

一、被告财险济宁分公司赔偿原告秦某生、周某格死亡赔偿金110000元，于本判决生效之日起七日内执行清；

二、除已赔付的182000元外，被告高某孝赔偿原告秦某生、周某格死亡赔偿金、被扶养人生活费、丧葬费、交通费、住宿费共计1212367.70元，于本判决生效之日起七日内执行清；

三、被告建筑公司赔偿原告秦某生、周某格死亡赔偿金、被扶养人生活费、丧葬费、交通费、住宿费共计298793.08元，于本判决生效之日起七日内执行清；

四、驳回原告秦某生、周某格的其他诉讼请求。

高某孝以秦某生、周某格未满足民政部发布的《特困人员认定办法》认定条件及不在当地贫困监测对象名单为由，上诉主张不应赔付被扶养人生活费。

北京市第三中级人民法院经审理认为，被扶养人生活费赔偿的并非被扶养人的实际生活需要，而是因受害人伤残或死亡后导致的受害人个人收入中用于家庭成员生活消费需要的减少部分。被扶养人生活费自始至终都是受害人未来收入损失的一部分。死亡赔偿金加上被扶养人生活费就等于受害人的全部收入损失。根据《中华人民共和国老年人权益保障法》第十四条，子女对老年父母有赡养义务。对父母的此项义务不取决于父母是否丧失劳动能力。本案中，村委会出具的证明、残疾证等证据可以证明秦某生、周某格老无所养、老无所依，符合《最高人民法院关于审理道路交通事故损害赔偿案件适用法律若干问题的解释》第二十八条情形。高某孝的该项主张，没有事实和法律依据，二审法院不予采信。判决如下：

驳回上诉，维持原判。

【法官后语】

本案的争议焦点是秦某生及周某格作为被扶养人，其在不满足一般实务中认定的年龄、伤残、收入来源等条件时，被扶养人生活费是否由被告承担。本文从被扶养人生活费的性质认定、适用情形及举证责任三方面分述如下。

一、被扶养人生活费的认定

根据《最高人民法院关于审理人身损害赔偿案件适用法律若干问题的解释》规定，被扶养人是指受害人依法应当承担扶养义务的未成年人或者丧失劳动能力又无其他生活来源的成年近亲属。

被扶养人生活费根据扶养人丧失劳动能力程度，按照受诉法院所在地上一年度城镇居民人均消费性支出和农村居民人均年生活消费支出标准计算。被扶养人为未成年人的，计算至18周岁；被扶养人无劳动能力又无其他生活来源的，计算20年。但60周岁以上的，年龄每增加一岁减少一年；75周岁以上的，按5年计算。

关于被扶养人生活费，审判实践中有两种不同观点：第一种观点认为被扶养人系需求一方，应根据被扶养人的身份及居住地确定适用标准；第二种观点认为被扶养人的生活费用源自受害人，故应以受害人的身份及居住地确定适用标准。通说认为被扶养人生活费的来源依据是受害人伤残或死亡后导致的被扶养人逸失利益的损失，其属于受害人死亡或伤残后个人收入中用于家庭共同消费或者家庭积累部分的减少范畴，故而是与受害人的实际情况相关联。在本案中被扶养人生活费的认定也基于上述理论以受害人为基础核心，而非就被扶养人基本情况进行严苛的要求。

二、被扶养人生活费适用前提条件

《最高人民法院关于审理人身损害赔偿案件适用法律若干问题的解释》规定被扶养人系丧失劳动能力又无其他生活来源的成年近亲属，也即成年人若主张被扶养人生活费应满足丧失劳动能力且无其他生活来源，这两个条件须同时满足。如何认定无劳动能力，在审判实践中我们一般认定男60周岁以上，女55周岁以上，但是在具体案件中需要具体分析，本案中虽然二原告均未达到上述年龄，但在其居住地村委会出具的证明中显示二人一个是身患疾病，另一个是肢体残疾，均无劳动能力，法院在此情况下不能苛求或者是刻板化要求二人必须达到特定年龄才能认定。

三、举证责任分配方式

在过错归责原则下，过错的举证责任在受害人一方，受害人需要对行为人具有主观过错承担证明责任。在过错明确前提下，谁主张谁举证涵盖于各诉求中。对于被扶养人生活费的举证责任自然归于诉讼发起人，但是需要证明到何种程度，作为民事案件，民事诉讼中证明标准为高度盖然性，在当事人提供相应能够认定既无劳动能力又无其他生活来源的证明材料时，结合以受害人实际情况为核心的思维逻辑，法院不应对该部分举证标准做过高要求。

综上，本案中，秦某生、周某格在已经提供经常居住地村委会出具的证明材料及残疾证的前提下，结合受害人实际生活情况，来认定被告需赔偿被扶养人生活费并无不妥，一审、二审法院的判决是正确的。在司法审判实践中，许多涉及被扶养人生活费的认定案件中，往往会出现仅有一份居委会、村委会等经常居住地出具无劳动能力和其他生活来源的证明材料，对方当事人往往会以证据不足或真实性存疑为由予以否认，审判人员也会对仅此一份证据心存疑虑，但是如果认定了被扶养人生活费的性质实质上系因受害人伤残或死亡后导致的受害人个人收入中用于家庭成员生活消费需要的减少部分，就会减少审判人员的不确定性。

编写人：北京市通州区人民法院　杨宇　崔艳丽

16

宠物犬发生交通事故赔偿问题

——穆某诉贾某、财险北京分公司机动车交通事故责任案

【案件基本信息】

1. 裁判书字号

北京市密云区人民法院（2020）京0118民初6340号民事判决书

2. 案由：机动车交通事故责任纠纷

3. 当事人

原告：穆某

被告：贾某、财险北京分公司

【基本案情】

2020年8月2日11时，在北京市密云区某小区内，被告贾某驾驶小型轿车由西向东行驶时，小型轿车右前轮与穆某养的史宾格狗身体接触，造成狗受伤。事故发生后，北京市公安局密云分局交通支队密云镇中队出具了交通事故认定书，未认定责任。经核实，原告穆某为给狗治伤支付医疗费21510.9元。另查明，事发之时，事故车辆在被告保险公司处投保有交强险及商业三者险30万元，含不计免赔。

【案件焦点】

1. 宠物犬发生交通事故如何进行责任划分；2. 宠物犬发生交通事故如何进行赔偿。

【法院裁判要旨】

北京市密云区人民法院经审理认为：侵害他人财产的，财产损失按照损失发生时的市场价格或者其他方式计算。同时投保机动车第三者责任强制保险和第三者责任商业保险的机动车发生交通事故造成损害，当事人同时起诉侵权人和保险公司的，人民法院应当按照下列规则确定赔偿责任：（一）先由承保交强险的保险公司在责任限额范围内予以赔偿；（二）不足部分，由承保商业三者险的保险公司根据保险合同予以赔偿。本次事故中，交管部门出具的事故证明中列明涉案事故车辆致狗受伤。被告贾某驾驶的事故车辆在被告财险北京分公司投保机动车交通事故责任强制保险和商业三者险，事故发生在保险期限内。原告穆某因犬只受伤产生的相关费用属于财产损失范围，被告财险北京分公司有义务在保险限额内承担赔偿责任。被告贾某作为车辆驾驶人，驾车在小区内行驶时应负注意义务，由于未能对随后出现的涉案犬只及时避让，故应当对此次事故承担主要责任。犬是具有较强攻击性的动物，为此《北京市养犬管理规定》中规定，携犬出户时，应当对犬束犬链，由成年人牵领，携犬人应当携带养犬登记证。本案中，原告穆某饲养的犬只在车库门口趴卧，无人牵领，导致被告贾某驾驶的车辆与犬只相撞，对损害后果的发生原告穆某亦存在一定过错，故对此次事故应承担次要责任。对原告穆某合法合理的损失，本院依法予以支持。原告穆某主张的医疗费根据医疗费票据，结合涉案犬只伤情等相关证据确定。

北京市密云区人民法院依据《中华人民共和国侵权责任法》第十九条、《中华人民共和国道路交通安全法》第七十六条、《最高人民法院关于审理道路交通事故损害赔偿案件适用法律若干问题的解释》第十六条之规定，判决如下：

一、被告财险北京分公司在交强险限额内赔偿原告穆某财产损失费2000元，于本判决生效之日起七日内执行清；

二、被告财险北京分公司在商业三者险限额内赔偿原告穆某财产损失费共计15608.72元，于本判决生效之日起七日内执行清；

三、驳回原告穆某的其他诉讼请求。

【法官后语】

依照《中华人民共和国道路交通安全法》规定，交通事故是指车辆在道路上因过错或者意外造成人身伤亡或者财产损失的事件。就机动车撞到宠物来说，一般会造成狗被撞伤、撞亡，或者是造成车辆零件受损脱落。宠物犬作为饲养者的个人财产，被撞后属于财产损失。因此机动车与宠物犬发生相撞引发的事故应符合交通事故的构成要素。

一、宠物犬发生交通事故后该如何分责

宠物犬发生交通事故后，由于发生地点没有监控、事发时宠物主人未在场等原因，交警并未在交通事故责任认定书里列明双方的责任，由于双方无法达成赔偿意见，起诉到法院后该如何对事故双方的责任进行把握，笔者认为应从法律上把握好以下几个方面。

首先，饲养者饲养的宠物犬是否符合当地的养犬管理规定中禁养烈犬的规定。如果该饲养者饲养的宠物犬为国家禁止饲养的烈犬，那么其对于事故的发生要承担一定的责任。

新修订的动物防疫法明确规定："携带犬只出户依照的，应当按照规定佩戴犬牌并采取系犬绳等措施。"此法从立法上明文规定了遛狗应该系狗绳。所以，宠物犬在发生交通事故时，如果是因为饲养者的原因没有系狗绳，那么其对事故的发生就要承担一定的责任。

其次，作为机动车一方驾驶人，驾驶车辆行驶时应负有注意义务，如果因驾驶人车速过快或者没有认真观察路面情况，未能对随后出现的涉案犬只及时避让，应当对事故承担一定责任。

二、宠物在交通事故中受伤如何赔偿

在宠物犬发生事故后，关于赔偿问题涉及以下几个方面。

首先是谁来赔的问题，发生机动车事故的，由保险公司在保险范围内进行赔偿。同时投保机动车第三者责任强制保险和第三者责任商业保险的机动车发生交通事故造成损害，当事人同时起诉侵权人和保险公司的，人民法院应当按照下列规则确定赔偿责任：(1) 先由承保交强险的保险公司在责任限额范围内予以赔偿；(2) 不足部分，由承保商业三者险的保险公司根据保险合同予以赔偿。在保险都用完了的情况下由侵权人进行赔偿。

其次是赔偿哪些项目的问题。因犬只受伤发生的医疗费用应属于财产损失范围，另外对饲养者带狗去宠物医院看病所花费的合理交通费也应予赔偿。对于饲养者所主张的误工费、精神损失费和营养费等不宜支持。

编写人：北京市密云区人民法院　高天　刘云

17

第三人侵权与工伤事故竞合时民事赔偿范围的认定标准

——吕某诉夏某诚、财险济南分公司机动车交通事故责任案

【案件基本信息】

1. 裁判书字号

山东省济南市中级人民法院（2020）鲁01民终9624号民事判决书

2. 案由：机动车交通事故责任纠纷

3. 当事人

原告（上诉人）：吕某

被告（被上诉人）：夏某诚、财险济南分公司

【基本案情】

2018年9月2日16时10分许，夏某诚将鲁××××号福克斯牌小型轿车停放在槐荫区经三纬五路口西侧润滑保养中心洗车工位上后下车离开，洗车工吕某、张某对车辆进行清洗作业时，鲁××××号福克斯牌小型轿车发生移动，吕某发现后赶到车尾部推车阻挡，车辆继续滑移至经三路上，鲁××××号福克斯牌小型轿车与吕某及王某同停放在经三路南侧的绿园牌电动二轮车相撞，造成车辆损坏，吕某受伤的道路交通事故。2018年9月13日，济南市公安局交通警察支队槐荫区大队出具《道路交通事故证明》。

诉讼中，吕某就其伤残等级等事项申请进行司法鉴定。南京金陵中西医结合医院司法鉴定所出具《司法鉴定意见书》。吕某支付鉴定费18860元。

另查明，鲁××××号车辆的所有人为夏某诚，该车辆在财险济南分公司投保有交强险和100万元的商业三者险，并投保有不计免赔险，事故发生在保

险期间内。2019 年 1 月 4 日，济南市社会保障事业局向吕某支付工伤保险待遇 147190.69 元，其中医疗费 146650.69 元、住院伙食补助费 540 元；2019 年 3 月 1 日，济南市社会保障事业局向吕某支付工伤保险待遇 15072.85 元，其中医疗费 14512.85 元、住院伙食补助费 560 元；2019 年 3 月 15 日，济南市社会保障事业局向吕某支付工伤保险待遇 47507.59 元，其中医疗费 46067.59 元、住院伙食补助费 1440 元。

吕某起诉至法院，请求：判令财险济南分公司、夏某诚赔偿医疗费 290859.08 元、住院伙食补助费 32100 元，后续治疗费 27000 元、营养费 18250 元、残疾赔偿金 363850.8 元、精神损害抚慰金 20000 元、误工费 41499.36 元、护理费 101014 元、交通费 8000 元、残疾辅助器具费 705 元、鉴定费 18860 元、财产损失 2000 元、住宿费 168 元、复印费 149.5 元，上述费用由财险济南分公司在交强险和商业险限额内优先承担赔偿责任，超出保险限额部分由夏某诚承担赔偿责任。

【案件焦点】

1. 夏某诚、吕某对案涉事故的发生是否具有过错及承担责任主体、赔偿责任比例问题；2. 侵权与工伤的竞合，吕某对于工伤保险基金已支付医疗费部分能否再向侵权人主张赔偿及赔偿范围。

【法院裁判要旨】

山东省济南市槐荫区人民法院经审理认为：夏某诚在将机动车停驶时未按照操作规范采取相应的制动措施，致使车辆后溜发生事故，其具有过错，且与损害后果存在因果关系，夏某诚应承担相应赔偿责任。吕某未尽到必要检查和审慎注意义务，自身亦具有一定过错。综合考虑双方过错等情况，夏某诚承担 70% 的赔偿责任，吕某自担 30% 的责任。

本案属于侵权与工伤事故竞合，吕某对于部分损失可以要求双重赔偿，对于工伤保险基金支付医疗费部分不能获得双重赔偿，扣减该部分后剩余医疗费由责任主体按责任比例承担。对于夏某诚承担责任的部分由财险济南分公司依法承担保险责任。

山东省济南市槐荫区人民法院依照《中华人民共和国侵权责任法》第十六条、第四十八条，《中华人民共和国保险法》第十七条、第六十六条，《最高人民法院关于审理人身损害赔偿案件适用法律若干问题的解释》第十七条、第二十六条规定，作出如下判决：

一、财险济南分公司于判决生效之日起十日内在机动车第三者责任强制保险责任限额内赔偿吕某精神损害抚慰金4000元、残疾赔偿金106000元；

二、财险济南分公司于判决生效之日起十日内在商业第三者责任保险责任限额内赔偿吕某医疗费49979.55元、住院伙食补助费20692元、后续治疗费18900元、营养费12775元、残疾赔偿金180495.56元、误工费16211.9元、护理费43753.9元、交通费3500元、残疾辅助器具费493.5元、鉴定费13202元、住宿费117.6元、复印费104.7元；

三、驳回吕某的其他诉讼请求。

吕某不服一审判决，提出上诉。山东省济南市中级人民法院经审理认为：除一审法院关于吕某应获赔付的医疗费数额计算有误，予以纠正外，二审法院同意一审法院的裁判意见。

山东省济南市中级人民法院依照《中华人民共和国民事诉讼法》第一百七十条第一款第（二）项之规定，作出如下判决：

变更原审判决第二项为：财险济南分公司于判决生效之日起十日内在商业第三者责任保险责任限额内赔偿吕某医疗费54146.75元；维持原审判决其他判项。

【法官后语】

工伤保险待遇属于公法领域的补偿，适用保障型部分补偿原则，具有福利性质或社会保障功能。而人身损害赔偿则属于私法领域的赔偿，适用填补型全部赔偿原则。二者不能混用，也不能相互替代，但二者应相互协调，相互配合。在现行法律体系下，工伤保险待遇赔偿与人身损害赔偿应按如下规则进行协调，并由此确定民事诉讼赔偿范围：

一、受害者启动救济程序及选择救济方式，应“双线并行”

受害者诉请工伤保险待遇给付与诉请民事侵权损害赔偿，没有先后顺序，可同时启动两种救济程序，用人单位和工伤保险经办机构不能要求工伤职工必须先向侵害人索赔后才能申请工伤保险待遇。

社会保险作为一种社会性风险分担机制，是社会保障制度的核心，而侵权责任是行为人因自己侵害他人权益所应承担的责任，两者在立法目的、价值取向、保护范围、适用条件等方面均有明显不同，原则上不存在冲突。在程序上，设计民事侵权赔偿与工伤保险待遇双向就高补差的程序过于复杂，实务中缺乏可操作性，难以切实保障职工权益。《最高人民法院关于审理工伤保险行政案件若干问题的规定》第八条及《最高人民法院关于审理人身损害赔偿案件适用法律若干问题的解释》[①] 第三条对上述两种救济程序及途径如何协调作出明确规定，两条线可同时进行。

二、民事侵权赔偿诉讼中应根据“有限双赔”规则确定赔偿范围

第三人侵权与工伤事故竞合时，职工既可请求侵权人赔偿损害，也可依法请求工伤保险待遇给付。工伤保险给付是单位缴纳工伤保险后，作为单位职工应该享有的福利和保险赔付，实行无过错责任原则，只要发生工伤，就应享有待遇。而向第三人请求损害赔偿是基于第三人的侵权行为而发生的，其适用过错责任原则，实行过错相抵。两者请求权基础不同，归责原则和权利保护范围不一样。社会保险制度是对受害人的一种基本社会保障，没有分散侵权人侵权责任的功能，第三人的侵权责任不能因为受害人获得社会保险的给付而减轻或免除。

但在现行法律体系下，从《中华人民共和国社会保险法》第四十二条、《最高人民法院关于审理工伤保险行政案件若干问题的规定》第八条规定看，除工伤医疗费用外，法律不禁止工伤职工享受工伤保险待遇后再获得民事赔偿，即医疗

---

① 《最高人民法院关于审理人身损害赔偿案件适用法律若干问题的解释》已于2021年1月1日进行了修订，本文援引的是新修订版的第三条，该条规定与现已失效的上述司法解释第十二条规定一致，修订前后该条法律规定适用没有变化。

费部分不能双重赔偿，除医疗费部分，剩余部分可兼得，属于有限双重赔偿。

适用有限双重赔偿规则确定赔偿范围，也是基于对审判实务及现实情况的考量。现实情况中，民事赔偿受诸多因素，诉讼成本支出、承担举证责任及过错相抵规则限制等诉讼风险、侵权人赔偿能力和执行到位等限制，实际获全赔率低。同时，工伤保险待遇具有社会保障性和福利性质，故适用有限双重赔偿规则更能体现公平。

编写人：山东省济南市中级人民法院 王立强

18

定残日后的误工费不应再单独计算

——田某诉财险北京分公司、闻某快机动车交通事故责任案

【案件基本信息】

1. 裁判书字号

北京市第一中级人民法院（2020）京01民终4386号民事判决书

2. 案由：机动车交通事故责任纠纷

3. 当事人

原告（被上诉人）：田某

被告（上诉人）：财险北京分公司、闻某快

【基本案情】

2019年4月4日23时15分，在北京市海淀区西三环中路航天桥下北掉头口，宗某骑电动自行车由北向南在机动车道内逆向行驶，闻某快驾驶车牌号为京Q89×××的小型轿车由北向南行驶，田某乘坐电动自行车静止，发生交通事故，造成车辆接触部位损坏，致宗某、田某受伤。事故经北京市公安局公安

交通管理局海淀交通支队公主坟大队出具道路交通事故认定书（简易程序）认定宗某负主要责任，闻某快负次要责任，田某无责任。

事故发生次日，田某被送至医院治疗12日，共花费医疗费79389.78元。

事故发生后，经田某申请，北京博大司法鉴定所对田某伤残等级、误工期、护理期、营养期进行鉴定。该鉴定机构于2019年7月16日出具司法鉴定意见书，鉴定意见：1. 被鉴定人田某的伤残等级为人体损伤致残程度二个十级伤残，综合赔偿指数为15%；2. 被鉴定人田某的误工期270日，护理期120日，营养期90日。田某共支付鉴定费4350元。田某支付营养费2000元、交通费300元，田某住院期间请护工护理12天，出院后请护工108天，共计支付护理费13800元（有票据），田某另主张曾以现金方式支付护理费，但无证据证明。田某主张按城镇标准计算残疾赔偿金数额为203970元，主张精神损害抚慰金数额10000元。

田某属农村集体户，自2016年10月至今一直外出务工，未在本村务农居住，其主要收入及生活来源均来自城镇。田某主张每月劳动报酬为4500元（现金支付），对此提供了案外第三人出具的证明。田某主张误工费，称按照每月4500元标准计算270日。

财险北京分公司已将交强险医疗费用赔偿限额内的10000元支付给了闻某快，闻某快向田某支付了7000元。

田某诉讼请求：判令财险北京分公司就医疗费79389.78元、住院伙食补助费1200元、营养费4500元、护理费15960元、残疾赔偿金203970元、精神损害抚慰金10000元、鉴定费4350元、误工费40500元、交通费1000元的总和先在交强险的赔偿限额中承担赔偿责任，超出部分由闻某快、财险北京分公司承担30%的赔偿责任。

【案件焦点】

经鉴定的误工期的结束日期在定残日后，定残日后的误工费是否还需计算。

【法院裁判要旨】

北京市海淀区人民法院经审理认为：机动车发生交通事故造成人身伤亡、

财产损失的，由财险北京分公司在机动车第三者责任强制保险责任限额范围内予以赔偿；不足的部分，按照下列规定承担赔偿责任：（一）机动车之间发生交通事故的，由有过错的一方承担责任；双方都有过错的，按照各自过错的比例分担责任。（二）机动车与非机动车驾驶人、行人之间发生交通事故，非机动车驾驶人、行人没有过错的，由机动车一方承担赔偿责任；有证据证明非机动车驾驶人、行人有过错的，根据过错程度适当减轻机动车一方的赔偿责任；机动车一方没有过错的，承担不超过 10% 的赔偿责任。

此次事故经认定闻某快负次要责任，故就田某的损失，应由财险北京分公司在交强险限额内先行赔偿，赔偿后仍有不足的部分，由闻某快承担 30% 的赔偿责任。因闻某快的车辆在财险北京分公司投保有第三者责任商业保险，故应由财险北京分公司在第三者责任商业保险限额内先行负担，超出部分由闻某快实际负担。田某主张的医疗费数额、住院伙食补助费数额、营养费数额、护理费数额、交通费数额、残疾赔偿金数额均无不当。田某主张按照每月 4500 元的标准计算误工损失，但提供的证据存在瑕疵，数额过高，一审法院予以酌定，田某主张的精神抚慰金数额过高，一审法院予以酌定。因财险北京分公司已经将交强险限额内 10000 元医疗费支付给闻某快，故闻某快应将相应金额支付给田某。综上所述，该院依据《中华人民共和国侵权责任法》第十六条、第四十八条，《中华人民共和国道路交通安全法》第七十六条，《中华人民共和国合同法》第八条之规定，判决如下：

一、保险公司于判决生效后七日内在交强险限额内赔偿田某精神损害抚慰金 7500 元，护理费、误工费、残疾赔偿金、交通费 102500 元，以上共计 110000 元；

二、财险北京分公司于判决生效后七日内在第三者责任商业保险限额内赔偿田某医疗费、住院伙食补助费、营养费 21428. 93 元，护理费、误工费、残疾赔偿金、交通费 44121 元，以上共计 65549. 93 元；

三、闻某快于判决生效后七日内赔偿田某医疗费、住院伙食补助费、营养费 10000 元，鉴定费 1305 元，以上共计 11305 元（已支付 7000 元，实际执行 4305 元）；

四、驳回田某的其他诉讼请求。

财险北京分公司不服一审判决中关于误工费的判项，提出上诉。财险北京分公司主张一审法院判决财险北京分公司赔偿田某270日的误工费不当，误工期为270日已超过定残前一日167天，重复计算了误工费。

北京市第一中级人民法院经审理认为：自定残日起受害人的误工费损失已经包含于伤残赔偿金之中，故不应重复计算，财险北京分公司该上诉理由成立，本院予以采信。一审判决认定事实清楚，但适用法律部分有误，处理结果部分有误，本院予以纠正（一并将商业险及闻某快赔偿的分项数额明确）。依照《中华人民共和国民事诉讼法》第一百七十条第一款第（三）项之规定，判决如下：

一、维持北京市海淀区人民法院民事判决第一项；

二、撤销北京市海淀区人民法院民事判决第二项、第三项、第四项；

三、财险北京分公司于本判决生效后十日内在第三者责任商业保险限额内赔偿田某医疗费20468.93元、住院伙食补助费360元、营养费600元、残疾赔偿金38276.01元，以上共计59704.94元；

四、闻某快于本判决生效后十日内赔偿田某医疗费10000元、鉴定费1305元，以上共计11305元（已支付7000元，实际执行4305元）；

五、驳回田某的其他诉讼请求。

【法官后语】

案涉交通事故发生于2019年4月4日23时15分，2019年7月16日经鉴定机构鉴定，确定田某的误工期为270日，为两个十级伤残，伤残赔偿指数为15%。在定残日即2019年7月16日时，田某的误工期仅经过了103天，定残日后的误工费即剩余误工期内的误工费是否还应计算的问题，实际涉及对误工费、伤残赔偿金的性质的理解。

一、关于误工费的性质

误工费属于受害人遭受人身侵害本应获得却因侵权人侵害行为无法得到或者无法完整得到的利益。在学理上可以归为逸失利益或消极损失的范畴。误工费是受害人实际发生的损失，可以根据受害人的具体情况和特点等因素量化计算。依据受害人是否具有固定收入的不同，计算方法有所区别。受害人有固定收入的，应当以受害人发生损害前后，收入减少的差额作为赔偿标准。受害人无固定收入的，无法确切计算其误工损失的算术差额，只能从社会公平、公正以及妥当性角度出发，为受害人确定一个相对固定的标准。

需要指出的是如果侵害有劳动能力，但无收入的人（主要包括家庭主妇、无业人员两类），亦应对其进行误工费的赔偿。就家庭主妇而言，其虽无收入，但其所承担的家务对其他家庭成员的正常收入而言，无疑具有支持和保障作用，其受害后，整个家庭的收入和开支势必受到影响。对于无业人员而言，其虽暂时无收入，但仍有机会就业并获得收入，因侵权人侵权行为所导致的损害结果，这种利益获得的可能性在一定时期内将无法实现。因此，对具有劳动能力的但无收入人员进行误工费的赔偿，符合公平的价值观念。

本案中，田某原本有正常劳动能力，虽然无固定收入，但是在受诉法院所在地的城镇生活，因此应当对其进行误工费的赔偿。二审中，各方对一审法院酌情确定的每月误工费数额并无异议，仅对误工期的长短存在争议。

二、残疾赔偿金的性质

残疾赔偿金是对公民健康权受到侵害导致其全部或部分丧失劳动能力的赔偿。当前，我国有关法律、法规以及相关法学理论中对残疾赔偿金多采用“劳动能力丧失说”，即根据受害人的残疾等级抽象评定其劳动能力丧失程度，进行定型化赔偿（以受诉法院所在地上一年度城镇居民人均可支配收入或农村居民人均纯收入作为标准），以此作为评价受害人逸失利益损失的主要参考依据。司法实践中，通常以“劳动能力丧失说”作为评价收入减少程度的标准和参数，但是在特殊情况下，亦要考虑受害人的收入丧失情况。受害人虽被确认丧失劳动能力或者确定残疾等级，但实际收入没有减少或减少幅度与劳动能力丧失程度鉴定等级、伤残等级评定存在较大等差的，可以由人民法院根据具体情况酌情进行调整。

三、误工费计算至定残前一日，定残日后的误工费不应再计算

从误工费以及残疾赔偿金的性质及含义来看，都属于丧失劳动力导致的逸

失利益赔偿，性质上具有一致性。在定残日后，受害人确定地丧失或部分丧失劳动能力，其劳动力价值全部丧失或将降低，伤残赔偿金系对受害人因劳动能力丧失而无法实现的劳动能力的价值赔偿。误工费系受害人因暂时受侵害无法提供劳动，所导致的收入差额损失或者可能无法取得的收入损失。在受害人确定地丧失全部或部分劳动能力后，因误工所导致的收入差额损失，显然已经包含于伤残赔偿金之中。因此，在定残日后，误工费即包含于残疾赔偿金之中，不应再单独计算。一审法院在计算误工费时，仅考虑了鉴定机构确定的误工期，未注意到鉴定机构确定的误工期超过了定残日，存在错误。《最高人民法院关于审理人身损害赔偿案件适用法律若干问题的解释》① 虽然明确规定了误工时间根据受害人接受治疗的医疗机构出具的证明确定，但同时明确若受害人因伤致残持续误工的，误工时间可以计算至定残日前一天。故，一审法院在定残日后，在计算残疾赔偿的同时，另行计算误工费不符合法律规定，二审法院予以纠正。

编写人：北京市第一中级人民法院　梁睿

19

工伤待遇与侵权损害赔偿竞合时赔偿标准的认定

——李某宝诉崔某浩等机动车交通事故责任案

【案件基本信息】

1. 裁判书字号

北京市密云区人民法院（2019）京0118民初11864号民事判决书

---

① 2020年修正的《最高人民法院关于审理人身损害赔偿案件适用法律若干问题的解释》第七条第二款以及2003年《最高人民法院关于审理人身损害赔偿案件适用法律若干问题的解释》第二十条第二款均规定，误工时间根据受害人接受治疗的医疗机构出具的证明确定。受害人因伤致残持续误工的，误工时间可以计算至定残日前一天。

2. 案由：机动车交通事故责任纠纷

3. 当事人

原告（被上诉人）：李某宝

被告（上诉人）：崔某浩、运输公司、财险北京分公司、寇某威、承德运输公司、财险承德支公司

【基本案情】

2018年12月5日14时00分，在北京市怀柔区京承高速（出京方向）48km+800m处，崔某浩驾驶轻型厢式货车（京MAR×××）由西向东行驶，撞到因发生故障停在应急车道内的（京A5×××警）车左后部，同时将在车前检查故障车的李某宝撞到路边沟内。崔某浩驾驶的车辆失控后又撞到由西向东行驶的寇某威驾驶的大型普通客车（冀HU6×××）车前部。此次事故造成李某宝受伤，三车及公路护栏损坏。事故经北京市公安局怀柔分局交通支队出具的京公怀（交）认字（2018）第039-1号道路交通事故认定书认定“事故由崔某浩承担全部责任，李某宝、寇某威不承担责任”，并认为“崔某浩驾驶轻型厢式货车未确保安全的违法行为，与本起道路交通事故的发生有因果关系，是事故发生的完全原因；李某宝驾驶机动车发生故障后停在应急车道内，未按规定使用灯光、设置故障车警告标志的行为，与本起道路交通事故的发生没有因果关系，不是事故发生的原因”。肇事车辆在财险北京分公司投保了交强险和商业第三者险附加不计免赔50万元，事故发生在保险期间，被保险人及车辆所有人为运输公司，崔某浩为该公司员工，发生交通事故时崔某浩系在工作期间从事职务行为。寇某威驾驶的车辆在财险承德支公司投保了交强险。

李某宝受伤后，被送至北京市密云区医院救治，先后住院3次，实际住院天数161天，共支出医疗费184003.8元（含救护车费用221元）、住院期间护理费33200元、辅助器具费3000元，其中达康公司垫付了103657元。就损失赔偿问题，李某宝诉至本院。案件受理后，李某宝申请对人体伤残情况以及误工期、护理期、营养期进行鉴定。中天司法鉴定中心2019年12月9日出具鉴定意见书，认定李某宝“脑叶部分切除术后的伤残等级为九级，右侧多发肋骨

骨折的伤残等级为十级，腰2椎体压缩性骨折的伤残等级为十级、右胫骨平台骨折后遗创伤性关节炎的伤残等级为十级。赔偿指数为30%。被鉴定人李某宝的误工期评定至伤残评定前一日，护理期评定为180日，营养期评定为180日”。李某宝支付鉴定费3350元。

关于误工费，李某宝提交了工伤证及工资表，称其主张的误工损失，系其误工期间应发工资的总额。工资表显示，其所在单位北京市公安局密云分局并未扣发其工资。

【案件焦点】

因交通事故导致工伤，被侵权人是否能依据相关规定适用双重受偿原则。

【法院裁判要旨】

北京市密云区人民法院经审理认为：用人单位的工作人员因执行工作任务造成他人损害的，由用人单位承担侵权责任。崔某浩作为运输公司员工，工作期间驾驶公司的机动车辆违反交通规则，造成交通事故，运输公司作为崔某浩的用人单位，应就其因交通事故所造成的损失承担侵权责任，故对原告要求崔某浩承担侵权责任的诉讼请求本院不予支持，对其要求运输公司承担侵权责任的诉讼请求予以支持；依据交通部门对本次事故事实的陈述，原告确实存在停车后未设置故障车警告标志等不当行为，但其不当行为与本起道路交通事故的发生没有直接因果关系，不是事故发生的原因，且运输公司提交的证据尚不能推翻交通事故认定书所认定的结果，故本次事故崔某浩承担全部责任，运输公司亦应承担本案的全部侵权赔偿责任。机动车发生交通事故造成损害，由承保交强险的保险公司在责任限额范围内予以赔偿；不足部分，由承保商业三者险的保险公司根据保险合同予以赔偿；仍有不足部分，由当事人按照过错程度承担。崔某浩驾驶的肇事车辆在财险北京分公司投保了交强险和商业第三者责任险，且该交通事故发生在保险期间，故财险北京分公司应在其责任限额内对原告因本次交通事故造成的经济损失承担理赔责任。寇某威驾驶的无责车辆在财险承德支公司投保了交强险，财险承德支公司亦同意在无责范围内承担赔偿责任，本院不持异议并予以确认。

侵害他人造成人身损害的，应当赔偿医疗费、护理费、交通费等为治疗和康复支出的合理费用，以及因误工减少的收入，造成残疾的，还应当赔偿残疾生活辅助器具费和残疾赔偿金。本案系侵权责任纠纷，关于被侵权人误工损失，其有固定收入的，应按照实际减少的收入计算；依据原告提交的证据，无法证明其实际收入的减少，故对原告要求支付其误工费的诉讼请求，本院难以支持。

北京市密云区人民法院依照《中华人民共和国侵权责任法》第六条、第十六条、第二十二条、第三十四条、第四十八条，《中华人民共和国保险法》第六十五条，《最高人民法院关于审理道路交通事故损害赔偿案件适用法律若干问题的解释》第十六条、第二十七条，《最高人民法院关于审理人身损害赔偿案件适用法律若干问题的解释》第十七条、第十九条、第二十条、第二十一条、第二十二条、第二十三条、第二十四条、第二十五条、第二十六条、第二十八条，《中华人民共和国民事诉讼法》第六十四条之规定，作出如下判决：

一、被告财险北京分公司于本判决生效之日起七日内在交强险限额范围内给付原告李某宝医疗费10000元、精神损害抚慰金15000元、残疾赔偿金95000元；

二、被告财险承德支公司于本判决生效之日起七日内在交强险限额范围内给付原告李某宝医疗费1000元、残疾赔偿金11000元；

三、被告财险北京分公司于本判决生效之日起七日内在机动车第三者责任商业保险限额范围内给付原告李某宝医疗费173003.8元、住院伙食补助费16100元、营养费9000元、护理费36050元、交通费7500元、残疾赔偿金255346.2元、辅助器具费3000元；

四、被告运输公司赔偿原告李某宝残疾赔偿金95655.2元（已折抵支付）；

五、驳回原告李某宝的其他诉讼请求。

李某宝不服一审裁决提起上诉。北京市第三中级人民法院经审理认为：被侵权人有权获得工伤保险待遇或者其他社会保险待遇的，侵权人的侵权责任不因受害人获得社会保险而减轻或者免除，本案中李某宝所称其已获得工伤保险待遇，并不影响侵权人应当依法向李某宝承担的侵权责任。侵权责任纠纷中被侵权人的误工损失是指被侵权人因侵权人的侵权行为所导致的实际收入的减少，被侵权人有固定收入的，误工费按照实际减少的收入计算。李某宝在本案中主张误工损失，应当就其因涉案事故造成实际收入减少的情况予以举证，但就李某宝在本案中提交的证据，并不足以证明其实际收入的减少，一审法院对李某宝要求支付其误工费的诉讼请求不予支持，并无不当，本院予以维持。判决如下：

驳回上诉，维持原判。

【法官后语】

因用人单位以外的第三人侵权造成劳动者人身损害构成工伤的，是基于同一损害事实，涉及两个方面的法律关系，即建立在劳动关系基础上的工伤保险赔偿法律关系和建立在侵权损害基础上的人身损害赔偿法律关系。这两类请求权的权利基础和规则原则不同，属于不同性质的请求权。司法实践中，劳动者可以基于这两个法律关系分别向不同的义务人主张权利，即可双重受偿。

一、双赔的法律规定及法理基础

首先，基于工伤事故的发生，劳动者与用人单位之间形成工伤保险赔偿关系。国家设置工伤保险制度，目的是保障因工作遭受事故伤害或者患职业病的职工获得医疗救治和经济补偿。根据《工伤保险条例》的规定，用人单位应当为本单位全体职工缴纳工伤保险费，因工伤事故受到人身损害的职工有权获得工伤保险赔偿、享受工伤待遇。因此，只要客观上存在工伤事故，就会在受伤职工和用人单位之间产生工伤保险赔偿关系，确认该法律关系成立与否，无须考察工伤事故发生的原因，即使工伤事故系因用人单位以外的第三人侵权所致，或者是由于受伤职工本人的过失所致，都不影响受伤职工向用人单位主张工伤保险赔偿。《最高人民法院关于审理工伤保险行政案件若干问题的规定》（法释〔2014〕9号）第八条第三款规定："职工因第三人的原因导致工伤，社会保险经办机构以职工或者其近亲属已经对第三人提起民事诉讼为由，拒绝支付工伤保险待遇的，人民法院不予支持，但第三人已经支付的医疗费用除外。"

其次，基于侵权事实的存在，受伤职工作为被侵权人，与侵权人之间形成侵权之债的法律关系，有权向侵权人主张人身损害赔偿。侵权之债成立与否，与被侵权人是否获得工伤保险赔偿无关，即使用人单位已经给予受伤职工工伤保险赔偿，也不能免除侵权人的赔偿责任。《最高人民法院第八次全国法院民事商事审判工作会议（民事部分）纪要》第九条规定：被侵权人有权获得工伤保险待遇或者其他社会保险待遇的，侵权人的侵权责任不因受害人获得社会保险而减轻或者免除。

二、双赔项目

《工伤保险条例》规定了由工伤保险基金支付的项目，包括职工住院治疗工伤的伙食补助费，经医疗机构出具证明、报经办机构同意，工伤职工到统筹地区以外就医的交通、食宿费，工伤职工到签订服务协议的医疗机构进行工伤康复的费用，以及矫形器、假肢等辅助器具费用，同时该条例规定“职工因工作遭受事故伤害或者患职业病需要暂停工作接受工伤医疗的，在停工留薪期内，原工资福利待遇不变，由所在单位按月支付”。

侵权责任法规定，因他人过错造成损害的，被侵权人可以获得的赔偿项目包括“医疗费、护理费、交通费等为治疗和康复支出的合理费用，以及因误工减少的收入。造成残疾的，还应当赔偿残疾生活辅助具费和残疾赔偿金”。

根据上述法律、法规可以看出，存在重合的赔偿项目有很多，但目前的法律及相关会议纪要仅规定了工伤保险机构或用人单位可就已经先行支付的医疗费向侵权人进行追偿，也就是明确了医疗费不能双赔，而并未就其他存在重复的项目的赔偿规则进行明确。但全部兼得会违背“不应获得意外利益”的原则，加重用人单位负担、浪费社会资源。因此在审判实践中，基本已经达成共识的赔偿原则是：

（1）属于发生的医疗费、康复费、辅助器具配置更换费等实际需要票据的费用项目，只能按实际发生金额给付，已按相关事故伤害处理规定获得相应赔付的，不能重复给付；若其赔付金额低于工伤保险规定的标准水平的，属参保职工的，应当由工伤保险基金补足差额至规定标准。

(2) 属于住院伙食补助费、就医交通住宿费、停工留薪期工资和护理费项目，已按相关事故伤害处理规定获得相应赔付的，不能重复给付；若其赔付金额低于工伤保险规定的标准水平的，应当由用人单位补足差额至规定标准。

(3) 属于赔偿性的待遇项目，只要工伤保险法律法规对赔偿待遇项目没有作出竞合规定的，应依法按规定赔偿相应的待遇项目。如工伤保险中的一次性伤残补助金、一次性伤残就业补助金、丧葬补助金、抚恤金，人身侵权赔偿中的残疾赔偿金、精神损害抚慰金、营养费、丧葬费、被扶养人生活费等。

三、本案停薪留职期间工资和误工损失的认定

虽然相关规定规定了被侵权职工在获得了工伤保险赔偿后，不应减轻侵权人的赔偿责任，但侵权法律关系中适用的赔偿原则不能改变。不减轻侵权人的赔偿责任，从文义解释上看，即首先不应减少侵权人因侵权行为对他人造成损害后产生的赔偿项目，其次不应减轻相应的赔偿标准，最后与工伤保险赔偿项目名称及该名称下的内容不同的侵权项下赔偿项目及内容不同时，不能相互折抵。但在遵循上述原则的情况下，应当适用民事侵权领域的相关法律规定，包括《最高人民法院关于审理人身损害赔偿案件适用法律若干问题的解释》（以下简称解释）中关于各项损失赔偿标准认定的适用规则（该解释的第十一条第三款、第十二条，明确排除了该解释不适用于劳动关系项下因工伤事故造成人身损害起诉用人单位赔偿的情形）。具体到本案的误工损失判断标准，解释第二十条就认定误工损失赔偿具体数额规定：误工费根据受害人的误工时间和收入状况确定。误工时间根据受害人接受治疗的医疗机构出具的证明确定。受害人因伤致残持续误工的，误工时间可以计算至定残日前一天。受害人有固定收入的，误工费按照实际减少的收入计算。本案原告系公职人员，有固定收入，故其误工费具体数额的认定标准，应当按照实际减少的收入计算，即原告需要举证证明其所在单位因本次交通事故的发生而扣除其工资的具体数额。但根据原告的陈述及主张标准，其在此期间的工资无减少情形，故其举证不足，应承担不利的后果，对其主张赔偿误工费损失的诉讼请求不予支持。

劳动关系下的工伤保险待遇赔偿标准、赔偿项目与侵权行为下的人身损害

赔偿标准、赔偿项目均存在不同，适用的规则系不同领域，在同一行为导致适用规则竞合后因法律规定出现“双赔”的情况是因为社会保险制度是对受害人的一种基本社会保障，其目的是将用人单位的安全生产经营风险转嫁给全体投保人承担，及时保护劳动者权利，赔偿范围限于物质损失，其没有分散侵权人侵权责任的功能，故第三人的侵权责任不能因为受害人获得社会保险的给付而减轻或免除，但其赔偿项目及赔偿标准、方法的认定，也应当遵循侵权责任领域的相关裁判规则。

编写人：北京市密云区人民法院　王宁

20

侵权人赔偿工伤受害人损失的认定

——崔某霞诉黄某、李某芝机动车交通事故责任案

【案件基本信息】

1. 裁判书字号

新疆维吾尔自治区石河子市人民法院（2020）兵9001民初223号民事判决书

2. 案由：机动车交通事故责任纠纷

3. 当事人

原告：崔某霞

被告：黄某、李某芝

【基本案情】

2009年8月5日6时5分许，黄某驾驶无号牌（挪用新C××号牌）“嘉陵”牌125型普通两轮摩托车，沿石河子市东一路由南向北行驶至银丰汽车修理

厂前路段处时，与沿东一路东侧机动车道由北向南行驶至此路段处的崔某霞驾驶的自行车发生碰撞，造成崔某霞、黄某摔倒受伤的道路交通事故。事故发生后，黄某弃车逃离现场。经石河子市公安局交通警察支队城区大队认定，黄某驾驶无号牌机动车，并挪用其他车辆牌照上道路行驶，且发生事故后弃车逃逸，负事故的主要责任，崔某霞驾驶自行车不在非机动车道内行驶，负事故的次要责任。

原告崔某霞于同日入住石河子市人民医院治疗，并行右股骨骨折内固定术。至2009年8月29日，原告住院24天。出院诊断“右股骨反粗隆间骨折”。

2010年5月26日，原告曾起诉至法院，要求两被告按照39332.75元损失的70%赔偿损失，被告黄某在庭审中辩称，交通事故发生后，自己也住院8天，支付医疗费5118.67元、住院伙食补助费200元、营养费300元，请求与原告按责任比例折抵。

2011年6月8日，原告以右股骨骨折术后骨不连2年为主诉入住石河子医院治疗，住院22天，花费住院费52333.30元。

2013年3月4日至13日，原告入住石河子医院治疗，住院9天，花费住院费6304.62元。

2018年9月13日至26日，原告以股骨头坏死、内固定装置取出术入住石河子医院治疗，行人工髋关节置换术+股骨骨折内固定术，住院14天，花费住院费71744.57元。

以上三次住院，合计45天，花费住院费合计130382.49元，全部以原告工伤为由在石河子市社会保险管理局予以报销。

2018年10月17日，原告在石河子医院门诊检查，花费262.40元。

2019年7月25日，原告委托新疆中信司法鉴定中心对其伤残程度分级、误工期、护理期、营养期进行鉴定。2019年8月5日，新疆中信司法鉴定中心作出新中信司鉴中心（2019）临鉴字第673号司法鉴定意见书。鉴定意见：被鉴定人崔某霞右股骨布隆间骨折内固定术后长期骨不连，股骨头缺血性坏死后行右人工髋关节置换术，按人体损伤致残程度分级鉴定为九级伤残；误工期为270天，护理期为180天，营养期为180天。原告为此花费鉴定费1580元。

另查明：1.2019年度城镇居民人均可支配性收入为40724元。2. 被告黄某驾驶的车辆在交通事故发生时未购买交强险。3. 原告系石河子劳务派遣公司职工，交通事故发生时原告是在履行劳务派遣公司职务。2011年4月8日，原告就此次交通事故受伤被认定为工伤。4. 现原告已达到退休年龄，退休金为2000元/月。

【案件焦点】

1. 崔某霞因交通事故被认定工伤后，其因交通事故产生的各项费用，黄某该如何赔偿；2. 黄某驾驶的车辆未购买机动车交通事故责任强制保险，其是否在机动车交通事故责任强制保险限额内承担赔偿责任。

【法院裁判要旨】

新疆维吾尔自治区石河子市人民法院经审理认为：自然人的生命、健康权受法律保护。根据本院作出的民事调解书确定的内容，原告与被告就过错责任比例原告自负30%的责任，被告黄某自负70%的责任，本院无异议。

因用人单位以外的第三人侵权造成劳动者人身损害，构成工伤的，赔偿权利人在获得用人单位赔偿后，仍有权请求第三人承担赔偿责任，现原告要求被告黄某赔偿其因交通事故造成的损失，于法有据，法院予以支持。因原告主张的住院费全部由石河子市社会保险管理局给予工伤保险报销，故原告要求被告支付住院费的诉讼请求，法院不予支持。

新疆维吾尔自治区石河子市人民法院依照《中华人民共和国侵权责任法》第三条、第六条第一款，《中华人民共和国道路交通安全法》第七十六条第一款、第二款，《最高人民法院关于审理人身损害赔偿案件适用法律若干问题的解释》第十七条、第十八条第一款、第十九条、第二十一条、第二十二条、第二十四条、第二十五条，《最高人民法院关于确定民事侵权精神损害赔偿责任若干问题的解释》第十条，《最高人民法院关于审理道路交通事故损害赔偿案件适用法律若干问题的解释》第十九条之规定，判决如下：

一、被告黄某于本判决生效之日起十日内赔偿并给付原告崔某霞损失226365.87元；

二、驳回原告崔某霞要求被告李某芝在本案中承担责任的诉讼请求。

判决书送达后，双方均未上诉。

【法官后语】

本案是一起受害人骑自行车上下班途中发生交通事故，被认定为工伤的特殊案件。

一、关于受害人发生交通事故受伤与受害人又被认定为工伤享受工伤保险待遇问题的法律依据

新颁布的《最高人民法院关于审理人身损害赔偿案件适用法律若干问题的解释》第三条第一款规定：依法应当参加工伤保险统筹的用人单位的劳动者，因工伤事故遭受人身损害，劳动者或者其近亲属向人民法院起诉请求用人单位承担民事赔偿责任的，告知其按《工伤保险条例》的规定处理。第二款规定：因用人单位以外的第三人侵权造成劳动者人身损害，赔偿权利人请求第三人承担民事赔偿责任的，人民法院应予支持。《工伤保险条例》第十四条规定：职工有下列情形之一的，应当认定为工伤……（六）在上下班途中，受到非本人主要责任的交通事故或者城市轨道交通、客运轮渡、火车事故伤害的……职工被认定为工伤的享受相应的工伤保险待遇。

二、关于侵权行为和工伤保险条例的赔偿项目问题

侵权人因侵权行为造成被侵权人损害的，由侵权人根据各自的过错程度承担相应的赔偿责任。赔偿的项目一般包括医疗费、住院伙食补助费、营养费、护理费、误工费、残疾赔偿金、精神损害抚慰金、交通费、医疗辅助器具费、残疾辅助器具费、被扶养人生活费和其他合理的费用；造成受害人死亡的，赔偿权利人还可以要求赔偿义务人赔偿死亡赔偿金、被扶养人生活费、办理丧葬事宜期间的交通费、精神损害抚慰金等合理费用。根据现有的劳动法律规定，当劳动者因工作原因负伤或者上下班途中发生交通事故等人身损害的，应认定为工伤。用人单位应当对受伤害的劳动者承担无过错责任，依照工伤保险条例确定的赔偿项目赔偿。赔偿项目一般为医疗费、伤者住院期间的伙食补助费、生活护理费、工伤期间的工资、交通食宿费、辅助器具费、一次性伤残补助金、

伤残津贴、一次性工伤医疗补助金、一次性伤残就业补助金；造成死亡的，其近亲属还可以要求赔偿丧葬补助金、一次性伤亡补助金、供养亲属抚恤金等费用。从上述情况来看，因侵权和因工负伤赔偿的项目不完全相同。

三、工伤保险赔偿与交通事故赔偿竞合情况下的赔偿问题

根据《最高人民法院第八次全国法院民事商事审判工作会议（民事部分）纪要》规定，受害人获得工伤保险待遇的，侵权人的侵权责任不能因受害人获得工伤社会保险而减轻或者免除。由此可知，受害人因交通事故遭受人身损害又被认定为工伤的，属于劳动者遭受工伤与第三者伤害竞合（含交通伤害）时，可以获得工伤保险和第三者侵权赔偿责任的双重赔偿，即工伤保险赔偿和交通责任赔偿可以兼得。

主要原因是人身损害赔偿和工伤保险赔偿的法律依据不完全相同。人身损害赔偿适用于民法典及《最高人民法院关于审理人身损害赔偿案件适用法律若干问题的解释》的规定，而工伤保险赔偿则主要适用于劳动法及《工伤保险条例》等。《最高人民法院关于审理人身损害赔偿案件适用法律若干问题的解释》第三条规定，参加工伤保险统筹的劳动者，因工伤事故遭受人身损害，按《工伤保险条例》处理。劳动者遭受用人单位以外的第三人侵权造成劳动者人身损害的，赔偿权利人有权请求第三人承担民事赔偿责任。因此，劳动者可以依据民法典及最高人民法院关于审理道路交通事故的司法解释获得交通事故损害赔偿，也可以根据《工伤保险条例》的规定享受工伤保险待遇。另外，人身损害区别于财产损害的特殊性，即人的生命和身体是无法确定其价值的，不能用经济利益衡量，金钱上的给付仅仅是对伤者或其家属物质上和精神上的一种补偿，而财产损害却是以经济价值来衡量确定的，为此财产保险合同中保险公司在给付保险金后享有追偿权的规定在人身保险合同中并不适用，保险公司不享有追偿权，伤者同时享有社会保险金请求权和人身损害赔偿请求权的双重权利。因此，受害人因交通事故遭受人身损害，又被认定为工伤的，除直接支付的医疗费不能双重赔偿外，其他与人身有关的费用均可以获得赔偿。

编写人：新疆维吾尔自治区石河子市人民法院　杜世成　邓文娟

21

交通事故受害人治疗中又遭遇医疗损害时赔偿问题的处理

——王某某诉于某某等机动车交通事故责任案

【案件基本信息】

1. 裁判书字号

北京市顺义区人民法院（2019）京0113民初19574号民事判决书

2. 案由：机动车交通事故责任纠纷

3. 当事人

原告：王某某

被告：于某某、咨询公司、财险北京分公司

第三人：顺义某医院

【基本案情】

2017年3月6日，王某某驾驶挂靠在咨询公司名下的货车与于某某驾驶的货车发生交通事故，造成王某某受伤。交管部门认定该事故中王某某负次要责任，于某某负主要责任。于某某所驾车辆在财险北京分公司投保了交强险和20万元商业三者险。于某某垫付5000元，财险北京分公司赔付车辆损失33500元。

事故后，王某某被送至顺义某医院住院治疗，诊断为肠系膜血管破裂、回肠破裂等，行剖腹探查术。因术后伤口疼痛，王某某于2018年1月15日在北京某医院住院治疗11天，诊断为小肠腹壁瘘，行开腹右半结肠切除术。

2018年7月3日，王某某以医疗损害责任纠纷为由将顺义某医院诉至法院，审理中双方和解，顺义某医院赔付王某某医疗费、精神损害抚慰金、鉴定费72823.56元。2019年6月10日，经王某某自行委托鉴定，王某某外伤构成九级伤残。王某某支付鉴定费4350元。

2019年7月5日，王某某诉至本院，请求判令于某某、咨询公司及财险北京分公司赔偿各项损失共367887元。于某某认为王某某目前伤情系交通事故和顺义某医院诊疗过错共同导致，申请对顺义某医院诊疗行为是否有过错，王某某伤情与顺义某医院诊疗行为和交通事故之间的因果关系及参与度进行鉴定。经鉴定，顺义某医院对王某某诊疗行为存在过错，因果关系参与度建议为轻微与次要责任之间；交通事故因果关系参与度建议为主要责任。

【案件焦点】

王某某的伤残情况是否由交通事故及医疗损害共同所致，在医疗损害已处理的情况下，应如何确定财险北京分公司、于某某的赔偿责任。

【法院裁判要旨】

北京市顺义区人民法院经审理认为：二人以上分别实施侵权行为造成同一损害，能够确定责任大小的，各自承担相应的责任；难以确定责任大小的，平均承担赔偿责任。本案王某某因事故受伤，经医院治疗后构成伤残。经鉴定，顺义某医院诊疗行为有过错，因果关系参与度为轻微与次要责任之间，交通事故因果关系参与度为主要责任。故王某某人身损害由交通事故及医院诊疗过失共同所致，本院综合各方过错程度酌定顺义某医院责任比例为25%，交通事故责任比例为75%。鉴于顺义某医院已与王某某就赔偿事宜达成和解，故本案对医院应赔付部分不予处理。王某某因交通事故所致75%人身损害及因交通事故所致财产损失，先由财险北京分公司在交强险限额内赔偿，不足部分，按照70%比例在商业三者险范围内赔付，仍有不足的，由于某某赔付。咨询公司作为被挂靠方，应与于某某承担连带责任。

北京市顺义区人民法院依照《中华人民共和国侵权责任法》第十二条、第十六条，《中华人民共和国道路交通安全法》第七十六条，《最高人民法院关于审理道路交通事故损害赔偿案件适用法律若干问题的解释》第三条、第十六条，《最高人民法院关于审理人身损害赔偿案件适用法律若干问题的解释》第十九条、第二十条、第二十一条、第二十五条，《中华人民共和国民事诉讼法》第一百四十四条之规定，作出如下判决：

一、财险北京分公司在交强险范围内赔偿医疗费用赔偿金 10000 元、死亡伤残赔偿金 110000 元，在商业三者险范围内赔偿 153202.04 元，以上共计 273202.04 元（其中支付给王某某 270485.19 元，支付给于某某 2716.85 元），于本判决生效之日起七日内执行；

二、于某某、咨询公司连带赔偿王某某鉴定费 2283.75 元（已执行，从于某某先行垫付款中直接予以抵扣）；

三、驳回王某某的其他诉讼请求。

【法官后语】

当事人发生交通事故后被送至医院治疗，在治疗期间又发生医疗损害，导致交通事故损害与医疗损害并存的案件并不鲜见。司法实践中，受害人考虑到医疗损害赔偿诉讼周期长、鉴定程序复杂，或因未想到医院存在过错，往往先行起诉交通事故肇事方要求赔偿，再行起诉医院，出现了获赔大于损失的情况。同时，在交通事故案件中，肇事方也常以受害人的损害后果可能由产品缺陷或医疗过错行为等其他原因造成的进行抗辩。部分受害人考虑到自身在交通事故中有过错，选择起诉医院索赔后，再行起诉肇事方，该情况下若医疗纠纷以调解结案，未认定医院过错责任大小，实际赔偿金额与判决认定的赔偿金额存在出入，在计算交通事故损失赔偿额时就无法确定，也无法认定交通事故侵权人对最终损害后果应承担责任的大小。

如何保障受害人、肇事方、医院及财险北京分公司各方权益，妥善解决纠纷，成为此类案件难点。笔者认为，要处理好这个问题，应把握以下要点：

一是要认清责任性质。首先要明确交通事故与医疗损害的关系。交通事故是受害人遭受侵害的起因，但并不必然引起医疗损害的发生，故二者之间并不存在侵权法上的因果关系。因医疗损害所致损失，不能要求肇事方承担，因交通事故所致损失，也不能要求医院承担。其次确定两种侵权行为与受害人损害后果之间的关系。受害人先后遭受两起事故或损害，进而导致人身伤害，在性质上可能是多因一果或多因多果，应厘清各个行为与损害之间的因果关系，由各过错方按过错程度分别承担赔偿责任，在责任的性质上应当属于按份责任。

二是在程序上要树立合并处理的理念。尽管一案中合并处理两起事故可能导致案件处理难度加大，法律关系更加复杂，但便于当事人维护自己的合法权益，更符合司法价值追求。因此，在有证据表明交通事故受害人的损害后果可能由交通事故、产品缺陷或医疗过错行为多个原因造成时，应释明是否追加机动车生产者、销售者或医疗机构作为共同被告参加诉讼，申请追加的，应当追加为共同被告，不申请追加的，仍应追加作为第三人参加诉讼。同时，在难以判断交通事故、医疗过错责任比例时，应释明启动司法鉴定程序，明确医院在治疗过程中有无医源性过错，该过错与受害人损害结果之间是否存在因果关系及参与度。

三是要注意赔偿顺序。应先由医院对医疗损害产生的损失，依其过错程度承担责任。对于交通事故造成的损失，先由财险北京分公司在交强险和商业三者险范围内先行赔偿，仍有不足部分，由肇事方按责任比例赔偿。

本案为交通事故与医疗损害共同导致受害人伤残的案件。该案根据肇事方申请追加医院作为第三人参与诉讼，通过鉴定明确了交通事故与医疗损害各自的损伤参与度，依据损伤参与度确定了侵权人的责任比例。同时，本案注意到受害人的损失包括人身损害与财产损失，对于人身损害存在交通事故与医疗损害竞合情形，而财产损失均是交通事故所致，医院对此无须赔偿。

编写人：北京市顺义区人民法院　李永芝

22

快递公司与员工签订涉交通事故协议书的效力认定

——张某诉物流公司、张某华机动车交通事故责任案

【案件基本信息】

1. 裁判书字号

北京市第一中级人民法院（2020）京01民终5691号民事判决书

2. 案由：机动车交通事故责任纠纷

3. 当事人

原告（被上诉人）：张某

被告（上诉人）：物流公司、张某华

【基本案情】

2018年11月16日，在北京市昌平区百泉花园南门口，张某华驾驶轻便正三轮摩托车与张某驾驶的电动自行车相撞，事故造成张某受伤，两车损坏。北京市公安局公安交通管理局昌平交通支队马池口大队认定张某华承担事故全部责任，张某无责任。

事故发生后，张某为治疗共支出医疗费89780.82元，其中张某华垫付47000元、物流公司垫付20000元。北京天平司法鉴定中心出具《司法鉴定意见书》，评定张某的损伤构成十级伤残，赔偿指数为10%；张某伤后误工期120~270日，护理期60~120日，营养期30~90日。张某支付鉴定费用3150元。

张某提交的社保缴费信息、工资卡银行交易流水等证据显示其在本案交通事故发生前持续稳定地从城镇取得收入。张某的母亲陈某玲（1958年11月25日出生）年事已高、体弱多病，需二子女一同扶养。张某与丈夫刘某生共同育

有一女张某红（2009年9月7日出生）。物流公司系张某华的用人单位，张某华发生事故时驾车是履行职务行为。物流公司举证《协议书》复印件一份，内容系张某华与物流公司就交通事故赔偿问题的相关约定，落款日期为2019年4月11日。

一审法院认定张某主张的诉讼请求中合理的损失合计346410.02元。

【案件焦点】

1. 赔偿金额的计算标准是否过高；2. 法院是否应当采纳物流公司与张某华之间的协议书。

【法院裁判要旨】

北京市昌平区人民法院经审理认为：行为人因过错侵害他人民事权益，应当承担侵权责任。用人单位的工作人员因执行工作任务造成他人损害的，由用人单位承担侵权责任。张某的损失，物流公司还应赔偿剩余的各项损失共计279410.02元。《协议书》与本案无关，不予采信，二被告可另案处理。

北京市昌平区人民法院依据《中华人民共和国侵权责任法》第六条、第十六条、第三十四条、第四十八条，《中华人民共和国民事诉讼法》第六十四条规定，判决如下：

一、物流公司于本判决生效之日起十日内赔偿张某各项损失共计279410.02元；

二、驳回张某的其他诉讼请求。

北京市第一中级人民法院认为，根据物流公司的上诉理由，本案的争议焦点如下：

一、一审判决中赔偿金额的计算标准是否过高

首先，关于误工期、营养期、护理期的时长认定问题。《司法鉴定意见书》评定张某的损伤构成十级伤残，赔偿指数为10%。一审法院参照鉴定结果并考虑张某的伤情恢复情况，认定误工期为195日，护理期为90日，营养期为60日，并无不当。

其次，关于交通费、财产损失的数额。根据交通事故造成的财产损坏情况，张某就医、鉴定行程等情况，一审法院酌定财产损失500元、交通费400元，并无不当。

二、一审法院是否应当采纳物流公司与张某华之间的协议书

物流公司与张某华之间关于涉案交通事故的《协议书》，仅对物流公司和张某华具有法律约束力，与本案没有法律上的关联性，此项纠纷双方可另行解决。

北京市第一中级人民法院依照《中华人民共和国民事诉讼法》第一百七十条第一款第（一）项之规定，判决如下：

驳回上诉，维持原判。

【法官后语】

近年来，电子商务快速发展，带动物流、快递行业蓬勃兴起，人们越来越习惯于网上购物，故快递就成为商家和消费者之间的运输媒介。快递行业之间的竞争也是异常激烈的，快递公司为了占领市场，取得客户的信任，往往在快递时限方面作出越来越快的承诺。快递员为了赶时间、尽快送达货物，有时会出现违反交通规则的情况，因快递员违反交通规则引发的交通事故不在少数。快递公司为了降低成本、转移风险、减轻责任，可能与快递员签订交通事故责任分担协议书，事先约定，如果发生交通事故需要承担责任时，快递公司和快递员分别承担一定份额的赔偿责任。在案件中如何认定快递公司和快递员之间责任分担协议书的效力成为此类案件的争议焦点。

首先，《中华人民共和国侵权责任法》第三十四条第一款规定，用人单位的工作人员因执行工作任务造成他人损害的，由用人单位承担侵权责任。快递员驾驶快递车辆造成交通事故时，如果事故发生在快递员接收、运输、投递快递的过程中，那么，快递员作为快递公司的员工，属于执行快递公司的工作任务，在此时间段内，造成他人损害的，由快递公司承担侵权责任，快递公司应当按照相关法律规定，先行赔偿受害人损失。

其次，快递公司和快递员之间的协议一般不具有对外效力。一般而言，合

同仅对当事人产生法律约束力，不能对抗第三人。快递公司和快递员之间的协议内容不能拘束交通事故中的受害人。《中华人民共和国民法典》对此有明确规定，《中华人民共和国民法典》第四百六十五条第二款规定："依法成立的合同，仅对当事人具有法律约束力……"与《中华人民共和国合同法》相比，增加了"仅"字，目的就是要突出合同的相对性原理。一般情况下，合同仅在签订合同的主体之间发生法律效力。快递公司和快递员之间的责任分担协议，并不能对交通事故中的被侵权人产生拘束力。快递公司不能以内部的责任分担协议对抗被侵权人的赔偿请求。

最后，快递公司和快递员之间的协议内部效力问题。合同的效力问题，需要综合合同的主体、主体的意思表示、法律的强制性规定、格式条款等因素，予以综合评判，较为复杂。同时，快递公司和快递员之间的协议引发的纠纷属于合同纠纷，与因交通事故引发的侵权责任纠纷不属于同一法律关系，因本案解决的主要问题是交通事故中被侵权人的损害赔偿问题，并非快递公司和快递员之间的责任分担问题，所以，快递公司和快递员之间的责任分担事项不适合在本案中合并处理，需要另行予以解决。经过争议解决机构的认定后，如果双方签订的协议合法有效，快递公司可以根据协议约定的比例向快递员追偿；如果协议无效，只有在快递员存在故意或重大过失时，快递公司才取得向快递员追偿的权利。

编写人：北京市第一中级人民法院　胡保峰

23

网约车停运损失属于间接损失应由侵权人赔偿

——张某祥诉周某机动车交通事故责任案

【案件基本信息】

1. 裁判书字号

北京市西城区人民法院（2020）京0102民初15176号民事判决书

2. 案由：机动车交通事故责任纠纷

3. 当事人

原告：张某祥

被告：周某

【基本案情】

张某祥系北京出租汽车有限责任公司的网约车司机，租赁公司车牌号为×××的车辆开展网约车运营服务，运营服务方式为一人一车，车辆月租金为8200元/月。因网约车运营的特殊性，张某祥的工资为向公司交纳车辆月租金后的剩余营业收入。

2019年12月18日20时16分，周某驾驶车牌号为×××的小客车与张某祥驾驶车牌号为×××的网约车在西城区发生追尾，事故造成张某祥车辆受损。经交管部门认定，周某负此次交通事故的全部责任。2019年12月19日至2019年12月25日车辆维修期间，张某祥产生车辆月租金损失（承包金损失）和误工损失。双方就承包金和误工费无法达成一致，故起诉至法院。

【案件焦点】

网约车司机因车辆受损而产生的停运损失的赔偿主体及赔偿标准应如何确定。

【法院裁判要旨】

北京市西城区人民法院经审理认为，机动车发生交通事故造成人身伤亡、财产损失的，先由保险公司在机动车第三者责任强制保险责任限额范围内予以赔偿；不足部分，由保险公司在商业三者险限额内予以赔偿，仍有不足的，由交通事故侵权责任人依法赔偿。

根据《中华人民共和国道路交通安全法》第七十六条的规定，道路交通事故中被侵权人的损失包括人身伤亡和财产损失两个方面。损失分为两类，一为直接损失，二为间接损失。所谓直接损失，即指现有财产或者现有财产价值之减损，间接损失作为直接损失的对应概念即指可得利益之减少。财产损失保险赔偿责任限额中的“财产损失”，应作狭义理解，仅指交通事故当时车辆或者人的衣物所遭受的直接损失。因车辆损坏停运而造成网约车司机承包金及误工费损失的，由于该项损失并不直接源于交通事故，因而属于间接损失，保险公司不予赔付。根据《最高人民法院关于审理道路交通事故损害赔偿案件适用法律若干问题的解释》第十五条规定，因道路交通事故造成依法从事货物运输、旅客运输等经营性活动的车辆，因无法从事相应经营活动所产生的合理停运损失，当事人请求侵权人赔偿的，人民法院应予支持。本案中的网约车司机因车辆停运而产生的停运损失，虽然属于间接损失，不应由保险公司赔付，但依然属于因交通事故而产生的合理损失，依法应由侵权责任人周某赔偿。

北京市西城区人民法院依照《中华人民共和国道路交通安全法》第七十六条、《中华人民共和国侵权责任法》第六条之规定，作出如下判决：

本判决生效之日起三日内，被告周某赔偿原告张某祥承包金和误工费损失3080 元。

【法官后语】

随着网络技术的发展与普及，高效便利的网约车渐渐取代久等不来的出租车，成为人们日常出行的首选，这一消费需求也大大刺激了各类网约车的涌现。网约车一旦发生交通事故，势必影响车辆运营，影响司机营运收入，那么网约车司机是否有权主张车辆维修期间产生的车辆停运损失，向谁主张该项损失，如何计算该项损失呢？

本案的争议焦点就在于网约车司机因车辆受损而产生的停运损失的赔偿主体及赔偿标准应如何确定。

第一，关于网约车停运损失的赔偿主体。原告主张由侵权人赔偿，被告辩称停运损失系财产损失，应由保险公司赔偿。本院认为，车辆停运损失是指车辆在道路交通事故中遭受损害后造成的损失。如果被侵权人是将被损车辆用于货物运输、旅客运输等经营性活动，那么在被损车辆修复期间，被侵权人因无法从事相应经营活动，由此产生的车辆承包金损失、误工费等就是停运损失。因为车辆停运并非人身受损而系因车辆受损所致，此时因车辆损坏停运而造成的停运损失，属于间接损失，保险公司不予赔付。综上，合理的停运损失可以向实际侵权人请求赔偿，但请求保险公司赔偿停运损失的，人民法院不予支持。

另外，还需要注意并非所有营运车辆主张的停运损失均能得到法院的支持，只有依法运营且具备相关运营资质的车辆的停运损失才能受到法律保护。结合《北京市网络预约出租汽车经营服务管理实施细则》的相关规定，北京网约车主张停运损失须同时具备《网络预约出租汽车驾驶员证》以及《网络预约出租汽车运输证》。综上，只有车、人、证均符合相应规定，取得交通部门的网约车营运资格，才可以合法从事旅客运输活动，此时因交通事故导致车辆损坏致使无法从事经营活动，产生的合理停运损失才受到法律保护。

第二，关于网约车停运损失的赔偿标准。网约车在车辆维修期间产生的停运损失包含车辆承包金损失及误工损失。车辆承包金即“份钱”，是司机每月必须交纳的费用，且该费用实际来源于司机的工作收入。司法实践中应查明司机每月应向公司交纳的车辆承包金数额，按照交纳个人所得税情况倒推出司机月工资收入情况（部分网约出租车的司机每月可获得燃油补贴和岗位补贴，计算时应当相应扣减），然后根据车辆维修时间计算出上述两项损失即停运损失。一般由网约车司机即原告举证证明上述损失。如果原告仅能举证证明其具有营运能力和营运收入，但该收入不能充分反映运营利润、运营成本，法院可以综合考量网约车司机的收入情况、其本人关于运营成本的陈述等，然后参照受诉法院所在地上年度城镇私营单位交通运输、仓储和邮政人员平均工资合理确定停运损失。

法的价值之一是平等，同时平等也是社会主义核心价值观的重要内容。一方面，广大的网约车主所从事的网约车业务经营活动与其他主体所从事的经营活动在受到不法侵害时均应受到法律的保护，对于停运期间未能获得的损失法律应当提供保护，这是形式平等的体现。另一方面，网约车业务不同于其他的经营业务，在其无法举证证明实际损失时，按照城镇私营单位交通运输、仓储和邮政人员平均工资支持网约车主的停运损失，充分考虑了其所从事营运活动的性质、内容，体现的是实质平等。基于此，支持网约车的停运损失是社会主义核心价值观中平等保护内容的具体体现。

编写人：北京市西城区人民法院　赵宁

24

挂靠从事道路运输经营活动产生的停运损失不属于赔偿范围

——耿某喜诉李某东、财险荷泽分公司机动车交通事故责任案

【案件基本信息】

1. 裁判书字号

广东省高级人民法院（2020）粤民再362号民事判决书

2. 案由：机动车交通事故责任纠纷

3. 当事人

原告（被上诉人、再审被申请人）：耿某喜

被告（上诉人、再审申请人）：李某东

被告（被上诉人）：财险菏泽分公司

【基本案情】

2018 年 7 月 10 日 15 时 20 分许，李某东驾驶鲁 RB0 × × × 重型半挂牵引车/鲁RR × × × 挂重型低平板半挂车沿乐广高速公路自北向南方向行驶至 49km 处时，因未保持安全距离，与郭某磊驾驶的冀 D03 × × × 轻型仓栅式货车发生追尾碰撞，致使冀 D03 × × × 轻型仓栅式货车侧翻碰撞上尹某生驾驶的粤AAY × × × 重型作业车，造成三车车辆与货物受损及郭某磊受伤的交通事故。本次交通事故经韶关市公安局交通警察支队高速公路三大队认定：李某东负全部责任，郭某磊、尹某生不负责任。

郭某磊驾驶车辆冀 D03 × × × 的实际车主为耿某喜，其挂靠在邯郸市复兴区万安运输有限公司名下从事运输行业。李某东驾驶的鲁 RB0 × × × 重型半挂牵引车/鲁 RR × × × 挂重型低平板半挂车的实际车主均为李某东，分别挂靠在交通公司、集装箱运输公司名下从事道路货物运输。鲁 RB0 × × × 重型半挂牵引车已在财险菏泽分公司投保交强险和责任限额 150 万元的商业三者险（不计免赔）。

耿某喜一审起诉请求李某东及财险菏泽分公司赔偿：1. 处理事故人员的交通费 6556 元、误工费 3860 元、食宿费 8820 元、工人工资 1838 元。2. 车辆损失 101610 元。3. 停运损失按 260 元/日计算至判决确定的履行之日止。4. 鉴定费用 5800 元。

根据耿某喜申请，经一审法院委托评估，冀 D03 × × × 轻型仓栅式货车每月停运损失为 7800 元。

【案件焦点】

耿某喜主张的停运损失是否属于赔偿范围。

【法院裁判要旨】

广东省乐昌市人民法院经审理认为，对耿某喜的车辆损失等直接财产损失，应由财险菏泽分公司承担赔偿责任。根据涉案商业险保险合同约定，保险人就停运损失等间接损失不承担商业险赔偿责任。李某东应赔偿耿某喜停运损失（从2018年7月10日起按260元/天计算至本判决确定的履行之日止）及停运损失鉴定费780元。一审法院依照《中华人民共和国侵权责任法》第二条、第六条、第十五条、第四十八条、第五十三条，《最高人民法院关于审理道路交通事故损害赔偿案件适用法律若干问题的解释》第十五条第（一）项、第十六条，《中华人民共和国保险法》第十七条规定，判决如下：

一、财险菏泽分公司在交强险限额内赔偿耿某喜2000元，在商业三者险范围内赔偿耿某喜106081.37元；

二、李某东赔偿耿某喜停运损失（从2018年7月10日起按260元/天计算至本判决确定的履行之日止）及鉴定费780元。上述第一项、第二项于判决生效之日起五日内付清；

三、冀D03×××轻型仓栅式货车的残值（价值5276元）归财险菏泽分公司所有；

四、驳回耿某喜的其他诉讼请求。

李某东上诉称，一审判决其赔偿车辆停运损失不当，主要理由为：1. 耿某喜的车辆为全损车辆，不存在修复费用和修复时间；2. 车辆报废后，耿某喜应重新购买车辆营运，合理停运期间不应超过1个月；3. 鉴定报告鉴定依据不足，耿某喜未提供充分证据证明停运损失。

广东省韶关市中级人民法院经审理认为，耿某喜的车辆为经营性用车，因事故必然产生停运经济损失。一审法院委托评估营运损失程序合法，鉴定意见应作为证据采信。二审法院判决：

驳回上诉，维持原判。

李某东向广东省高级人民法院申请再审。该院裁定提审本案，经提审审理认为，作为可预期利益受法律保护的停运损失应当以依法经营为前提。耿某喜以使用万安公司道路运输经营许可证的方式挂靠从事道路运输经营活动，违反道路运输经营许可的有关规定，不属于依法营运的范畴，其主张的停运损失不具有合法性。再审改判李某东无须赔偿耿某喜主张的车辆停运损失。

【法官后语】

一、人民法院应当主动审查交通事故中损失赔偿项目的合法性

停运损失是因交通事故导致受害人遭受的间接性财产损失，是受害人因不能正常使用车辆丧失的可预期利益。《最高人民法院关于审理道路交通事故损害赔偿案件适用法律若干问题的解释》第十五条规定，因道路交通事故造成下列财产损失，当事人请求侵权人赔偿的，人民法院应予支持……（三）依法从事货物运输、旅客运输等经营性活动的车辆，因无法从事相应经营活动所产生的合理停运损失。据此，作为可预期利益受法律保护的停运损失应当以依法经营为前提。侵权人主张受害方车辆为全损车辆，不存在修复费用和修复时间，未就停运损失合法性提出异议。但交通事故中损失赔偿项目的合法性涉及交通运输管理公共秩序以及社会公共利益，在赔偿义务人抗辩不应赔偿营运损失时，即使其未就合法性问题提出异议，人民法院仍应对赔偿项目的合法性予以主动审查。

二、挂靠经营的运输车辆产生的停运损失不具有合法性

基于道路运输经营活动的高度危险性，《中华人民共和国道路运输条例》对道路运输经营的申请人，围绕车辆状况、驾驶人员资质、安全管理等方面设置了准入条件，对此项经营行为实施严格的行政许可制度，以规范交通运输秩序、保障人民生命财产安全。前述条例第三十三条规定，“道路运输车辆应当随车携带车辆营运证，不得转让、出租”。第六十三条规定，“违反本条例的规定，未取得道路运输经营许可，擅自从事道路运输经营的，由县级以上道路运输管理机构责令停止经营；有违法所得的，没收违法所得，处违法所得2倍以上10倍以下的罚款；没有违法所得或者违法所得不足2万元的，处3万元以上10万元以下的罚款；构成犯罪的，依法追究刑事责任”。耿某喜以使用公司道路运输经营许可证的方式挂靠从事道路运输经营活动，其性质与转让、出租许可证的行

为相同，均是实际运营人与经行政主管部门审核具备资质的主体相分离，规避道路运输经营许可制度，不属于依法营运的范畴，由此取得的收入并非合法的经营收入，不属于应予赔偿的损失范围。

编写人：广东省高级人民法院　郭尔绚

25

醉酒驾驶共享汽车之责

——陈某莉诉杨某五等机动车交通事故责任案

【案件基本信息】

1. 裁判书字号

广东省汕头市中级人民法院（2019）粤05民终261号民事判决书

2. 案由：机动车交通事故责任纠纷

3 当事人

原告（上诉人）：陈某莉

被告（被上诉人）：杨某五、投资公司、汽车公司、财险汕头分公司

【基本案情】

2017年9月3日，被告杨某五在共享汽车APP上通过阅读、同意共享汽车用户协议并上传本人驾驶证及手持驾驶证拍照等操作，经平台审核通过后注册成为该平台的用户。2018年1月21日，被告杨某五酒后通过共享汽车APP开启该平台的共享汽车，并驾驶该车与原告陈某莉驾驶的电动两轮摩托车碰撞，造成原告陈某莉受伤。交警部门于同月26日分析后认定，杨某五醉酒驾驶机动车违法上路行驶，对路面情况注意不够，遇情况未能及时采取有效措施，是造成本事故的主要原因，负事故的主要责任。经查，被告杨某五驾驶的共享汽车

的登记所有人为被告投资公司，被告汽车公司系该车管理人及共享汽车 APP 的运营者，被告保险公司系该车的交强险及商业三者险的保险人。共享汽车 APP 注册时用户协议第 4. 3. 10 条约定“用户租用车辆期间严禁酒驾、醉驾、毒驾或其他违法用车行为，因用户违法驾驶所造成的一切损失与法律责任均由用户自行承担”。被告汽车公司所运营的共享汽车车身张贴有“严禁饮酒、醉酒驾驶”的提示。

【案件焦点】

被告投资公司、被告汽车公司分别作为肇事车辆的所有人及运营者，在本次交通事故中是否存在过错责任。

【法院裁判要旨】

广东省汕头市金平区人民法院审理后认为，被告保险公司应在交强险责任限额内向原告赔偿，赔偿的款项可依法向被告杨某五追偿。共享汽车不是网约车，被告杨某五使用共享汽车，与被告汽车公司之间形成车辆租赁合同关系，被告汽车公司作为共享汽车的出租方，已履行了审核被告杨某五驾驶资格的义务，对平台用户在注册时已提示驾驶员严禁醉酒驾驶等违法用车行为，在该车车身也张贴了严禁饮酒、醉酒驾驶的提示，且对事故当天被告杨某五醉酒驾驶的情况并不知情；而被告投资公司作为共享汽车的所有人，对被告杨某五醉酒驾驶的情况也不知情，故被告投资公司及汽车公司在本次事故中不存在过错。依法判决：

一、财险汕头分公司于本判决生效之日起七日内向陈某莉支付保险赔偿金 110000 元；

二、杨某五于本判决生效之日起七日内赔偿陈某莉损失 933605. 68 元；

三、驳回陈某莉的其他诉讼请求。

广东省汕头市中级人民法院二审后认为，被告投资公司提供车辆给被告汽车公司，将管理、使用权让渡给了汽车公司，汽车公司提供共享汽车网络出租，杨某五通过注册成为共享汽车 APP 用户租用汽车，与汽车公司形成汽车租赁合同关系。杨某五作为承租人具有相应驾驶资格，汽车公司提供符合安全驾驶标准的车辆，审核杨某五的身份情况和机动车驾驶资格，在用户协议中明确约定用户违法驾驶所造成的一切损失与法律责任均由用户自行承担，应认定汽车公司已尽到规范管理和用户审验的义务。共享汽车网络租赁双方并非面对面交接车辆，本案没有证据证明汽车公司知道或者应当知道杨某五醉酒驾驶。以当前网络汽车管理技术和能力，出租人对承租人用车后是否醉酒驾驶难以预见和进行有效监管，当前法律法规对此也没有明确规定，故不应苛责出租方承担超出现行法律规定和现有技术水平之外的审查义务。故二审判决如下：

驳回上诉，维持原判。

【法官后语】

本案的特殊性在于肇事车辆为共享汽车，与网约车不同，共享汽车用户获得的是车辆的使用权，通过自主驾驶，设计路线，到达想去的目的地，用户与平台所建立的是租赁合同关系。这种租赁形式的特殊在于手续更为便捷、合同的成立及履行等都通过互联网实现，双方并未进行当面交接车辆。本案中被告投资公司作为肇事车辆的所有权人，已将该车的管理权、使用权让渡给被告汽车公司，由被告汽车公司对车辆进行日常维护，并授权被告汽车公司通过共享汽车平台出租车辆，故被告汽车公司既是肇事车辆的管理人，也是出租人。作为共享汽车的管理者，汽车公司负有规范管理的义务，有责任做好车辆日常的维护，保障汽车本身良好的驾驶性能，消除可能危及驾驶的安全隐患；作为汽车的出租方，汽车公司负有对用户驾驶资质的审验义务。汽车公司平台要求用户在注册时上传本人有效的身份证及驾驶证照片，以证实自身拥有驾驶资质，并拍摄本人手持驾驶证的照片，以证实是其本人进行的注册操作。本案中被告杨某五具备驾驶资格，所承租的车辆也符合安全驾驶标准，故汽车公司已尽到基本的规范管理和用户审验义务。被告杨某五登录已经审验通过的注册账户，通过手机一键开动共享汽车，手续简单而方便，作为远在网络一端的平台，对于用户在驾驶车辆当时的身体、精神状况并不知情。另，目前我国法律或者行业规范并未明确共享汽车平台必须监控用户在开动汽车当时是否处于醉酒的状态以及对此应尽的责任。而驾驶员是否醉酒，需要通过各项身体指标才能检测出来，并不能通过简单的管理手段进行实时监控，按目前共享汽车的管理技术来说，确难实现。从价值衡量角度讲，若过分增加共享汽车平台的义务，势必增加企业的负担，对整个行业的发展造成打击。本案中，汽车公司在与用户签订协议时明确告知及提示用户关于严禁违法用车行为的法律责任，也在每辆车的车身明显处提示严禁醉酒驾驶，应认定为已尽必要的警示义务，酒后严禁驾驶也是每个司机的常识，故汽车公司对杨某五醉酒驾驶平台的共享汽车不存在过错，不应承担赔偿责任。

编写人：广东省汕头市金平区人民法院　陈莹琪

26

交通事故中损伤参与度鉴定结论不能减轻侵权人的责任

——刘某林等诉冯某等机动车交通事故责任案

【案件基本信息】

1. 裁判书字号

广东省茂名市中级人民法院（2020）粤09民终818号民事判决书

2. 案由：机动车交通事故责任纠纷

3. 当事人

原告（上诉人）：刘某林、罗某娟、刘某琼、刘某燕、刘某德、刘某明

被告（上诉人）：财险茂名支公司

被告（被上诉人）：冯某、钟某金

【基本案情】

2018年10月4日7时30分，冯某驾驶的机动车与受害人刘某龙驾驶的普通二轮摩托车发生碰撞，造成刘某龙受伤及车辆损坏的道路交通事故。化州市

公安局交警大队认定冯某承担事故的全部责任，刘某龙不承担责任。事故发生后，刘某龙被送往医院进行救治，花费医疗费120275.92元。2018年10月12日，刘某龙因抢救无效死亡。2018年12月14日，化州市公安局交警大队委托中山大学法医鉴定中心鉴定刘某龙的死亡原因。经鉴定，鉴定机构出具鉴定意见为刘某龙符合在患有肝硬化的基础病变上，因交通事故致左下肢多发性骨折术后并发失血性休克而死亡，交通事故损伤与自身疾病在死亡后果中起同等作用。罗某娟为受害人刘某龙的配偶，受害人刘某龙与原告罗某娟共生育了4个子女，分别是本案原告刘某琼、刘某燕、刘某德、刘某明。刘某龙的父亲是本案原告刘某林。被告冯某驾驶的机动车的所有人为被告钟某金。该车在被告财险茂名支公司投保有交强险和商业三者险。

【案件焦点】

1. 关于原告提交刘某龙死亡原因的司法鉴定意见书是否采纳的问题；2. 关于受害人死亡赔偿金、丧葬费及精神损害抚慰金是否应参照鉴定结论中损伤参与度计算的问题。

【法院裁判要旨】

广东省化州市人民法院经审理认为：侵害他人人身权益，造成残疾的，应赔偿残疾赔偿金；造成死亡的，还应当赔偿丧葬费和死亡赔偿金。造成他人严重精神损害的，被侵权人可以请求精神损害赔偿。关于司法鉴定意见书采纳与否的问题。原告提供的受害人刘某龙的死亡原因的鉴定报告为中山大学法医鉴定中心系专业的司法鉴定机构所作，其接受鉴定是基于处理本次交通事故的部门委托，不是原、被告单方委托，具有较强的中立性，在其鉴定程序、鉴定依据、鉴定标准正确的情况下，其出具的鉴定结论为专业合法的鉴定结论，在无足够证据推翻鉴定结论的情况下，原告提交中山大学法医鉴定中心出具的司法鉴定意见书，予以采纳。一审法院依据司法鉴定机构出具的鉴定意见，按照受害人在本次交通事故受到的损伤与自身疾病在死亡后果中起同等作用计算死亡赔偿金（含被扶养人生活费）、精神损害抚慰金、丧葬费。

广东省化州市人民法院依照《中华人民共和国侵权责任法》第二条、第三条、第六条、第十六条、第二十二条、第四十八条，《中华人民共和国道路交通安全法》第七十六条，《中华人民共和国保险法》第十七条、第六十五条、第六十六条，《最高人民法院关于审理人身损害赔偿案件适用法律若干问题的解释》第十七条、第十八条、第十九条、第二十条、第二十一条、第二十二条、第二十三条、第二十七条、第二十八条、第二十九条，《最高人民法院关于审理道路交通事故损害赔偿案件适用法律若干问题的解释》第十六条，《最高人民法院关于确定民事侵权精神损害赔偿责任若干问题的解释》第八条、第十条，《中华人民共和国民事诉讼法》第六十四条、第一百四十二条的规定，作出如下判决：

一、被告财险茂名支公司在本判决发生法律效力之日起十日内在机动车交通事故责任强制保险责任限额内赔偿 120000 元，在商业三者险责任限额内赔偿 201514. 94 元，共计赔偿 321514. 94 元给原告刘某林、罗某娟、刘某琼、刘某燕、刘某德、刘某明；

二、驳回原告刘某林、罗某娟、刘某琼、刘某燕、刘某德、刘某明的其他诉讼请求。

原告刘某林等与被告财险茂名支公司均不服一审判决，提出上诉。广东省茂名市中级人民法院经审理认为：一审查明的事实二审法院予以确认。二审双方争议的焦点问题主要是关于受害人自身疾病是否可以作为扣减死亡赔偿金（含被扶养人生活费）、丧葬费及精神损害抚慰金的依据的问题。《中华人民共和国侵权责任法》第六条第一款规定："行为人因过错侵害他人民事权益，应当承担侵权责任。"第二十六条规定："被侵权人对损害的发生也有过错的，可以减轻侵权人的责任。"《中华人民共和国道路交通安全法》第七十六条第一款第（一）项规定，机动车发生交通事故造成人身伤亡、财产损失的，由保险公司在机动车第三者责任强制保险责任限额范围内予以赔偿；不足的部分，机动车之间发生交通事故的，由有过错的一方承担赔偿责任。因此，机动车交通事故责任纠纷案件中计算死亡赔偿金等是否应当扣减时应根据受害人对损失的发生或扩大是否存在过错进行分析。本案中，虽然刘某龙自身原有的疾病即肝硬化与损害后果存在客观上的介入因素，对其损害后果的发生具有一定的影响，但此并不属于侵权责任法等法律规定的过错，不能减轻或免除侵权人的相关责任。一审判决以《司法鉴定意见书》鉴定交通事故损伤与自身疾病在死亡后果中起同等作用为由，在计算死亡赔偿金（含被扶养人生活费）、丧葬费及精神损害抚慰金时作50%的扣减属适用法律错误，予以纠正。

广东省茂名市中级人民法院依照《中华人民共和国民事诉讼法》第一百七十条第一款第（二）项之规定，作出如下判决：

一、撤销广东省化州市人民法院民事判决第二项；

二、变更广东省化州市人民法院民事判决第一项为：限财险茂名支公司在本判决发生法律效力之日起十日内在机动车交通事故责任强制保险责任限额范围内赔偿120000元，在商业三者险赔偿限额范围内赔偿403207.19元，共计赔偿523207.19元给刘某林、罗某娟、刘某琼、刘某燕、刘某德、刘某明；

三、驳回刘某林、罗某娟、刘某琼、刘某燕、刘某德、刘某明的其他诉讼请求。

【法官后语】

交通事故受害人体质状况对损害后果的发生，即使存在一定程度的影响，即使鉴定结论明确交通事故对损害结果的参与度，也不属于可以减轻侵权人责任的法定情形。受害人没有过错的，侵权人应当承担全部损害赔偿责任。目前，在交通事故责任纠纷案件处理中存在一定的模糊认识，有的主张受害人自身疾病的，可以减轻侵权人承担的损害赔偿责任，该结论不符合法律对于侵权责任的有关规定。

一、受害人自身疾病、特殊体质不属于侵权责任法中的“过错”

侵权责任法第六条第一款规定：“行为人因过错侵害他人民事权益，应当承担侵权责任。”该款是对过错责任的规定。所谓过错责任，是指造成损害是否承担赔偿责任，必须要看行为人是否有过错，有过错有责任，无过错无责任。过错责任原则是侵权责任法的基本归责原则。在过错责任原则中，过错是确定行为人是否承担侵权责任的核心要件，也是法院审理侵权案件的主要考虑因素。过错分为故意和过失。过错是行为人行为时的一种错误主观的心理状态。正是由于这种错误的心理状态，法律要对行为人所实施的行为作否定性评价，让其承担侵权责任。本案中，交警作出的交通事故认定书认定冯某负事故的全部责任，受害人刘某龙无责任。司法鉴定意见为刘某龙符合在患有肝硬化的基础病变上，因交通事故致左下肢多发性骨折术后并发失血性休克而死亡，交通事故损伤与自身疾病在死亡后果中起同等作用。受害人自身的疾病是否属于侵权责任法中的“过错”？答案是否定的。受害人的体质特殊是其身体的一种客观情况，与其主观心理状态无关。司法鉴定意见是民事诉讼证据的一种，法院在审理案件时，同样应当进行审查认证。交通事故认定书认定受害人无责，即认定其没有过错。受害人自身疾病、特殊体质不能作为扣减残疾赔偿金的依据。

二、残疾、死亡赔偿金计算不能依据损伤“参与度”

受害人自身疾病、特殊体质不能作为扣减残疾、死亡赔偿金的依据。实践中，保险公司多数主张依据鉴定结论中损伤“参与度”计算残疾、死亡赔偿金。机动车第三者责任险是投保人缴纳保险费而由保险公司替代责任者进行赔偿的一种保险合同，基于保险的基本功能和对价公平的考虑，保险公司的理赔责任亦不应因此而减轻。保险公司以司法鉴定机构认定的事故造成损害后果的“参与度”比例为限承担赔付责任的抗辩没有法律依据，不应支持。法院应严格区分受害人身体所受伤害在病理上的因果关系与侵权法、保险法领域的责任因果关系，如受害人损害后果是由交通事故引发和造成的，应据此确定保险公司的保险赔偿责任。

编写人：广东省化州市人民法院　袁婕

27

交通事故责任认定书是否必然成为划分赔偿责任的依据

——陆某曼诉温某波、财险百色支公司机动车交通事故责任案

【案件基本信息】

1. 裁判书字号

广西壮族自治区百色市中级人民法院（2020）桂10民终2148号民事判决书

2. 案由：机动车交通事故责任纠纷

3. 当事人

原告（被上诉人）：陆某曼

被告（上诉人）：温某波

被告：财险百色支公司

【基本案情】

2019年11月24日8时50分许，温某波驾驶桂L11×××号普通二轮摩托车沿国道243线由北往南方向行驶，当行驶至G243线1560km+800m（滨江学校大门路段）时与行人陆某曼发生碰撞，造成陆某曼受伤，机动车受损的交通事故。事故经交警部门认定，温某波驾驶机件不符合技术标准的机动车在校区易发生危险的路段未减速慢行，陆某曼横过没有人行横道的机动车道未在确定安全后通过，故温某波、陆某曼承担本次事故的同等责任。陆某曼因事故受伤被120急救车送至田东县人民医院抢救产生医药费1672.77元，因病情严重当天转到右江医院住院治疗至2019年12月24日出院，产生医疗费用82750.55元。另外，温某波系桂L11×××号普通二轮摩托车所有人，其为该摩托车在

财险百色支公司投保了交强险，事故发生在保险期间内，温某波已赔付陆某曼医疗费 6753 元，财险百色支公司已赔付陆某曼医疗费 10000 元。

【案件焦点】

温某波在该起事故中如何承担赔偿责任。

【法院裁判要旨】

广西壮族自治区百色市田东县人民法院经审理认为：在道路通行中，机动车一方相对于行人而言，处于优势地位，应当充分地尽到注意义务，在确保安全和畅通的状况下通行，以避免、减少交通事故的发生。结合本案实际情况，温某波驾驶机件不符合技术标准的机动车在经过滨江学校大门路段时未减速慢行，遇到学生陆某曼横过道路时未能采取有效的制动措施避让，故温某波的行为存在明显过错，是导致本次事故发生的主要原因，应承担事故赔偿的主要责任即 70% 的民事责任。陆某曼在本次事故中，具有一定过错，应当承担事故赔偿的次要责任即 30% 的民事责任。温某波为桂 L11 × × × 号普通二轮摩托车在财险百色支公司投保了交强险，且事故发生在保险期间内，故陆某曼的损失应当由财险百色支公司在交强险责任限额内先予赔偿，仍不足部分，再由温某波按民事责任比例承担。在本案中陆某曼因交通事故造成的各项经济损失共计 118823. 32 元，由财险百色支公司在交强险责任限额内先予赔付 33400 元（医疗费 + 护理费 + 交通费 + 医疗辅助器具费），扣除已支付的医疗费 10000 元后财险百色支公司仍需赔付陆某曼 23400 元。不足部分 85423. 32 元（118823. 32 元 – 33400 元），由温某波承担 70% 的赔偿责任即 59796. 32 元，扣除已支付的 6753 元后温某波仍需赔付陆某曼 53043. 32 元。

综上，依照《中华人民共和国侵权责任法》第十六条、第四十八条，《中华人民共和国道路交通安全法》第七十六条，《最高人民法院关于审理道路交通事故损害赔偿案件适用法律若干问题的解释》第一条、第十四条，《最高人民法院关于审理人身损害赔偿案件适用法律若干问题的解释》第十七条、第十九条、第二十一条、第二十二条、第二十三条，《中华人民共和国民事诉讼法》

第六十四条、第一百四十四条之规定，判决：

一、财险百色支公司于本判决生效之日起五日内赔付陆某曼各项经济损失 23400 元；

二、温某波于本判决生效之日起五日内赔付陆某曼各项经济损失 53043.32 元；

三、驳回陆某曼的其他诉讼请求。

温某波不服原审判决，提起上诉。广西壮族自治区百色市中级人民法院认为：本案的争议焦点是温某波在该起事故中如何承担赔偿责任的问题。根据《最高人民法院关于审理道路交通事故损害赔偿案件适用法律若干问题的解释》第二十七条规定："公安机关交通管理部门制作的交通事故认定书，人民法院应依法审查并确认其相应的证明力，但有相反证据推翻的除外。"在发生交通事故后，由交警出具交通事故责任认定书，以确定双方的事故责任，但该事故认定书在民事诉讼中仅作为证据之一，并不当然地作为划分民事赔偿责任的依据。民事侵权赔偿责任的分配不应当单纯以交通事故责任认定的交通事故责任划分来确定，而应当从损害行为、损害后果、行为与后果之间的因果关系及主观方面的过错程度等方面综合考虑。结合本案，温某波驾驶机件不符合技术标准的机动车在经过滨江学校大门校区路段时，正值学生上学时间，应当减速慢行，防止意外事故的发生，但温某波未尽到注意义务，当遇到陆某曼横过道路时未能采取有效的制动措施避让，导致本次事故的发生，故温某波的行为存在明显过错，一审法院结合案情，判决温某波承担 70% 的赔偿责任并无不当。温某波的上诉理由不充分，本院不予支持。综上所述，温某波的上诉请求不能成立。一审判决认定事实清楚，适用法律正确，应予维持。依据《中华人民共和国民事诉讼法》第一百七十条第一款第（一）项之规定，判决：

驳回上诉，维持原判。

【法官后语】

本案争议的焦点在于温某波在该起事故中如何承担赔偿责任的问题。根据《最高人民法院关于审理道路交通事故损害赔偿案件适用法律若干问题的解释》

第二十七条规定："公安机关交通管理部门制作的交通事故认定书，人民法院应依法审查并确认其相应的证明力，但有相反证据推翻的除外。"在发生交通事故后，由交警出具交通事故责任认定书，以确定双方的事故责任，但该事故认定书在民事诉讼中仅作为证据之一，并不当然地作为划分民事赔偿责任的依据。民事侵权赔偿责任的分配不应当单纯以交通事故责任认定的交通事故责任划分来确定，而应当从损害行为、损害后果、行为与后果之间的因果关系及主观方面的过错程度等方面综合考虑。

在侵权民事损害赔偿案件中，是否承担责任以及应当赔偿多少损失，主要取决于当事人的过错，侵权民事责任中的"过错"不能等同于"违章"，"注意义务"的违反才是过错判断的标准，而"违章"只是"注意义务"的违反的一种表现。故法院因依据民事诉讼证据认定的规则，对包括交通事故认定在内的多种证据进行综合分析后才能确认当事人的过错和责任。结合本案实际情况，温某波驾驶机件不符合技术标准的机动车在经过滨江学校大门校区路段时，正值学生上学时间，应当减速慢行，防止意外事故的发生，但温某波未尽到注意义务，当遇到陆某曼横过道路时未能采取有效的制动措施避让，导致本次事故的发生，故温某波的行为存在明显过错，是导致本案事故发生的主要原因，应当承担事故赔偿的主要责任，温某波的诉讼请求法院不予支持。

编写人：广西壮族自治区百色市田东县人民法院　朱智

28

投保义务人对机动车无上路行驶预期情形下未投保交强险的侵权责任认定

——毕甲等诉左某等机动车交通事故责任案

【案件基本信息】

1. 裁判书字号

云南省昆明市中级人民法院（2020）云 01 民终 8394 号民事判决书

2. 案由：机动车交通事故责任纠纷

3. 当事人

原告（被上诉人）：毕甲、毕乙、毕丙

被告（上诉人）：左某、修理公司

被告（被上诉人）：钱某

被告：温某、何某

【基本案情】

左某从何某处购买涉案机动车后，通过拖车将该车运至修理公司交由其修理，事故发生时该车未投保交强险。钱某与修理公司之间具有劳动合同关系。钱某驾驶该车执行工作任务期间将罗某撞伤，经医院抢救无效死亡。经交警认定，钱某承担事故的全部责任，罗某无责任。毕甲为死者罗某的配偶，毕乙为罗某的儿子，毕丙为罗某的女儿。钱某给毕甲、毕乙、毕丙造成的各项损失合计 640034.7 元，钱某已赔偿 100207.7 元。

【案件焦点】

左某应否与修理公司在交强险责任限额范围内对毕甲、毕乙、毕丙承担连带赔偿责任。

【法院裁判要旨】

云南省昆明市官渡区人民法院经审理认为：钱某系修理公司工作人员，其驾车外出系执行工作任务，车辆发生交通事故造成罗某死亡，故修理公司应对罗某死亡给其近亲属毕甲、毕乙、毕丙造成的各项损失承担赔偿责任。《最高人民法院关于审理道路交通事故损害赔偿案件适用法律若干问题的解释》（以下简称《道损司法解释》）第十九条规定，未依法投保交强险的机动车发生交通事故造成损害，当事人请求投保义务人在交强险责任限额范围内予以赔偿的，人民法院应予支持。投保义务人和侵权人不是同一人，当事人请求投保义务人和侵权人在交强险责任限额范围内承担连带责任的，人民法院应予支持。涉案机动车的实际车主为左某，应有为该车投保交强险的义务，故左某应与修理公司在交强险责任限额范围内对毕甲、毕乙、毕丙承担连带赔偿责任。一审法院认定毕甲、毕乙、毕丙的各项损失合计640034.7元，扣除钱某已赔偿金额100207.7元，应由修理公司赔偿毕甲、毕乙、毕丙539827元，其中交强险责任限额范围内的110000元，由左某承担连带赔偿责任。

云南省昆明市官渡区人民法院依照《中华人民共和国侵权责任法》第六条、第十八条、第三十四条、第四十八条、第五十条，《中华人民共和国道路交通安全法》第七十六条，《中华人民共和国公司法》第十四条，《最高人民法院关于审理人身损害赔偿案件适用法律若干问题的解释》第十七条、第十八条、第二十条、第二十二条、第二十七条、第二十九条，《最高人民法院关于审理道路交通事故损害赔偿案件适用法律若干问题的解释》第十九条，《机动车交通事故责任强制保险条例》第二条，《中华人民共和国民事诉讼法》第六十四条、第一百四十四条之规定，作出如下判决：

一、被告修理公司于本判决生效之日起十日内，赔偿原告毕甲、毕乙、毕丙各项经济损失539827元，被告左某对前述赔偿款内的110000元承担连带赔偿责任；

二、驳回原告毕甲、毕乙、毕丙的其他诉讼请求。

左某、修理公司均不服，提起上诉。云南省昆明市中级人民法院经审理认为：关于左某在交强险限额内是否应当承担连带赔偿责任的问题。《道损司法解释》第十九条规定，未依法投保交强险的机动车发生交通事故造成损害，当事人请求投保义务人在交强险责任限额范围内予以赔偿的，人民法院应予支持。投保义务人和侵权人不是同一人，当事人请求投保义务人和侵权人在交强险责任限额范围内承担连带责任的，人民法院应予支持。就本案而言，左某作为涉案车辆的车主，购买交强险系其法定义务。虽然左某通过托运车将涉案车辆运送到修理公司进行修理，亦未授权该公司可以驾驶涉案车辆上路行驶，但左某未为涉案车辆投保交强险，已经违反了其应尽之法定义务，其上诉请求不能成立，应当予以驳回。一审法院判决由左某在交强险 110000 元范围内承担连带赔偿责任符合本案事实及上述规定，应当予以维持。钱某系修理公司工作人员，事发当时钱某受公司的指派驾驶涉案车辆系执行工作任务，并在此过程中发生了交通事故。因此，钱某的行为属因执行工作任务造成他人损害的行为，应当由用人单位修理公司承担侵权责任。修理公司的上诉请求亦不能成立，应当予以驳回。

云南省昆明市中级人民法院依照《中华人民共和国民事诉讼法》第一百一十八条、第一百七十条第一款第（一）项之规定，作出如下判决：

驳回上诉，维持原判。

【法官后语】

本案中，涉案机动车所有人左某认为其购买涉案车辆时，该车处于受损严重无法行驶状态，且其购买目的系将该车修好后用以出售牟利，即该车购买时不具备上路行驶的条件，修好后左某亦无让其上路行驶的预期，故左某认为其并无为该车投保交强险的义务。《机动车交通事故责任强制保险条例》第二条规定，在道路上行驶的机动车应投保交强险。那是否能倒推机动车不上路行驶，所有人、管理人即无为其投保交强险的义务。笔者认为，从上述规定来看，如果所有人、管理人能确保机动车脱保期间内无上路行驶的可能，则可以不投保交强险，且并不违法。但事物的发展总是不以人的意志为转移。行为人本欲使事物达到某种结果，但因各种因素的影响，事物并未按其预期发展的情形也是常见现象。机动车作为动产，没有人能确保机动车永远在其控制范围内。如车辆被他人偷盗、未经允许被他人擅自使用等情况时有发生。即便处于无法行驶状态的车辆亦会出现因设备老化失灵或地面复杂状况等影响突然滑动致人损伤的情况。机动车投保义务人主观认为其车辆无上路行驶可能而不投保交强险，但实际车辆被他人擅自使用发生了交通事故，造成第三人损失。此种情形下，投保义务人是否应当承担交强险限额内的赔偿责任，笔者从以下两个方面进行分析：

一、从侵权行为构成要件角度分析，投保义务人的行为构成侵权

行为人的行为是否构成侵权，关键在于是否具备侵权四要件。(1) 行为人是否具有主观过错。投保义务人轻信其能够避免车辆上路行驶可能，进而避免造成他人损失而不投保交强险，但实际却发生了车辆被他人擅自使用，上路行驶发生交通事故，造成了第三人损失，投保义务人的行为属于过于自信的过失，故主观上具有过错。(2) 行为是否具有违法性。如上所述，机动车若不上路行驶，不投保交强险的行为不构成违法，但车辆实际已上路行驶，故投保义务人未为机动车投保交强险的行为违反了《中华人民共和国道路交通安全法》《机动车交通事故责任强制保险条例》的强制性规定，具有违法性。(3) 损害结果是否发生。车辆发生交通事故实际造成了第三人损失。(4) 行为与损害结果之间是否具有因果关系。根据我国目前的交强险制度，发生交通事故造成第三人损害的，在交强险责任范围内不讨论侵权责任，第三人能够从交强险保险公司获得相应限额范围内的赔偿。在机动车一方无责的情形下，交强险保险公司要在无责的限额内赔付；在机动车一方有责的情况下，不再区分责任的大小，交强险保险公司应在有责的限额内赔付。即只要投保义务人为机动车投保了交强险，第三人就能获得保险公司在交强险限额范围内的赔偿。正是由于投保义务人未投保交强险的行为，导致第三人不能获得该部分赔偿，这部分损失恰恰与

未投保交强险的行为具有因果关系。故投保义务人无论基于何种原因未投保交强险，也无论其对车辆是否具有上路行驶预期，但实际车辆已上路行驶发生事故，造成第三人损失，其行为均构成侵权，应在交强险责任限额范围内对第三人的损失承担赔偿责任。

二、从连带责任内外部关系角度分析，投保义务人对外具有承担责任的义务，对内具有向侵权人追偿的权利

根据《道损司法解释》第十九条的规定，未依法投保交强险的机动车发生交通事故造成第三人损害，投保义务人和侵权人不是同一人的，投保义务人和侵权人应在交强险责任限额范围内对第三人承担连带赔偿责任。连带债务就得分内外部关系，对外各连带债务人对债权人都负有清偿全部债务的义务，内部各债务人之间再根据各自份额进行分担，对于自己多承担的部分有权向其他债务人追偿。对此，笔者认为应将连带外部责任之诉与内部分担之诉分离，更有利于保护被侵权人（第三人）。投保义务人、侵权人与第三人之间的关系为外部关系，投保义务人与侵权人之间的关系为内部关系。从外部法律关系来看，第三人只知给其造成损失的机动车未投保交强险，投保义务人与侵权人不是同一人，其可获赔的交强险责任限额范围内的损失应由投保义务人与侵权人这个整体来向其连带赔偿。投保义务人关于其所购车辆并无上路行驶预期，其不具有投保交强险的义务的免责抗辩，从外部关系来看，与该车实际已上路行驶的事实相悖，该免责事由对第三人不具有对抗效力。至于本不应当上路行驶的机动车为何上路行驶，系投保义务人与侵权人之间内部的法律关系，应由内部分担之诉来解决。对于内部关系来说，承担了连带责任后内部求偿关系中各侵权人责任分担的比例应如何确定，笔者认为有以下几种原则：(1) 根据各自过错分摊。过错原则是侵权责任法的一般原则，将过错程度作为确定连带责任人内部分摊比例更能体现公平。过错划分为故意、重大过失、一般过失和轻微过失。确定各自责任时，应当比较侵权行为人的过错程度，故意或者重大过失等较大过错的，承担的赔偿数额较大；过错较小的，可以承担较少的赔偿数额。(2) 根据原因力进行分摊。原因力是指在构成损害结果的多个原因中，每一个

原因对于损害结果发生或者扩大所起的作用。此种方法主要是依据各个行为对损害结果所起到的作用程度不同而对责任进行分担。原因力比例大小的判断原则是：直接原因的原因力大于间接原因，主要原因的原因力大于次要原因，与损害结果距离较近原因的原因力大于距离较远原因。（3）平均分摊赔偿数额。如果根据过错和原因力难以确定连带责任大小的，可以视为各连带责任人的过错程度和原因力大小相当，在这种情况下应当由连带责任人平均承担赔偿责任。就本案而言，投保义务人在对外关系中因其未投保交强险的违法行为应对第三人承担赔偿责任，但在其与侵权人的内部关系中，其对于交通事故的发生并无故意或过失，故内部份额应全部由侵权人来承担。若其在外部关系中承担了全部或部分连带赔偿责任，其有权就其承担的部分金额向侵权人追偿。同时，其作为机动车送修人与修理人（侵权人）之间还成立修理合同关系，修理人未经送修人允许擅自使用机动车，由此给送修人造成损失的，应承担赔偿责任。故其还可选择提起修理合同之诉，由修理人赔偿其损失。

交通事故的偶然性特征决定了个人往往不能控制事故的发生与否、发生时间，事物的发展常常不以人的意志为转移，交强险制度设立的宗旨是保障交通事故中受害人能得到及时有效的赔偿，同时也能减轻投保义务人的赔偿负担，投保义务人应予重视，及时投保，莫存一丝侥幸，而招致更大损失。本案例以私法领域的裁判手段制裁了不为机动车投保交强险的投保义务人，虽然投保义务人会觉得对其“不公”，但结果上的“不公”恰恰反映了交强险的功能，也彰显了交强险作为一种法定义务的重要性。

编写人：云南省昆明市中级人民法院　杨章亮　何永伦

29

未达到伤残等级程度的机动车交通事故损害赔偿

——王某凤诉张某雄、财险青田支公司机动车交通事故责任案

【案件基本信息】

1. 裁判书字号

浙江省丽水市青田县人民法院（2020）民初2075号民事判决书

2. 案由：机动车交通事故责任纠纷

3. 当事人

原告：王某凤

被告：张某雄、财险青田支公司

【基本案情】

2020年2月21日9时许，被告张某雄驾驶车牌号为浙C11×××号的小型客车，途经青田县瓯双线16km+400m处与案外人王某溪驾驶的浙K68×××号小型客车发生碰撞，造成浙K68×××号小型客车车上乘客之一原告王某凤受伤的交通事故。经青田县公安局交通警察大队认定，该事故中被告张某雄负事故全部责任，原告王某凤无责任。被告张某雄驾驶的车牌号为浙C11×××号小型客车在被告财险青田支公司处投保了机动车交通事故责任强制险和第三者责任险，本次事故发生在保险期限内。原告王某凤因本次交通事故致牙齿缺失脱落，具体为32牙齿缺失，42、31牙齿松Ⅱ度，经青田县人民医院行种植牙基台种植牙手术、前磨牙拔除术等，共计花费25750元，术后恢复了相应功能，原告王某凤支出的25750元均系因本次交通事故造成的合理损失。被告财险青田支公司抗辩称原告种植牙金额过高，应按照实际发生金额的30%计算。

【案件焦点】

因机动车交通事故致权利人牙齿脱落，但未达到伤残等级的程度，不构成伤残，如何确定赔偿标准。

【法院裁判要旨】

浙江省丽水市青田县人民法院经审理认为，民事权益受到侵害的，被侵权人有权请求侵权人承担侵权责任。本次事故中青田县公安局交通警察大队作出的被告张某雄承担事故全部责任，原告王某凤无责任的认定并无不当，本院予以采信。原告因案涉事故造成下前牙脱落，经专业医疗机构治疗，进行种植修复缺失牙后，恢复了相应的功能，原告王某凤支出的 25750 元均系因本次交通事故造成的合理损失，被告财险青田支公司抗辩种植牙费用过高的答辩意见，本院不予采纳。被告财险青田支公司抗辩要求扣除原告医疗费中超医保部分费用，未提供相应证据佐证，本院不予采纳。被告张某雄驾驶的车牌号为浙 C11×××号小型客车在被告财险青田支公司处投保了交强险、商业险、不计免赔等险种，故原告王某凤的损失应由被告财险青田支公司承担赔偿责任。原告请求赔偿的合理部分及被告针对原告诉讼请求合理的质证意见，本院予以采纳，其不合理部分和被告针对原告诉讼请求不合理的质辩意见，本院依法不予支持。

据此，浙江省丽水市青田县人民法院依照《中华人民共和国侵权责任法》第三条、第十六条、第四十八条，《中华人民共和国道路交通安全法》第七十六条第一款，《中华人民共和国民事诉讼法》第一百四十四条之规定，判决如下：

一、被告财险青田支公司于本判决生效后立即赔偿原告王某凤因本次交通事故造成的经济损失 25750 元；

二、驳回原告王某凤其他诉讼请求。

【法官后语】

“损失填平原则”是我国民事损害赔偿的基本原则之一，使用该原则必须遵循两个原则：一是损失的数额在填补之前是确定的；二是通过填补至填平，使权利人在经济上的损失消失。“损失填平原则”所依据的是利益说，即差额论，也就是说“被害人之总财产状况于有损害事故之发生与无损害事故下所之差额。损害=利益，衡量损害即利益时，以被害人之二财产状况为准而求其差额”。

在费用实际发生后提出主张，即在本案中原告系在种植牙治疗结束后，已经明确所支出的治疗费用的情况下，要求二被告赔偿其因本次交通事故造成的经济损失予以填平。当然，由于“损失填平原则”是实体法原则，在民事诉讼中，平与不平是与证据密切相关的。原告应对其主张提供相应的证据予以证明，并且不超出因损伤所需治疗的范围。在本案中，原告系因机动车交通事故致牙齿脱落，在后续的牙齿治疗过程中选择种植修复，在证明其主张时，提供了医疗机构的门诊病历原件和相应的医疗收费票据，并加盖医院公章，该证据具有一定的证明力。此外，当事人自己对于损失是否已填平有一个认识的过程，具有时间性和有限性。原告的诉讼请求是否全部得到保护，仅仅意味着就个案本身的证据及事实，是否已经填平，并不意味着永久地、彻底地填平。原告因治疗牙齿所受到的经济损失，即因本次机动车交通事故致牙齿脱落的治疗费用支出已经得到全部填平，但是如若其在后续牙齿使用过程中导致的折断问题，则不在本次可要求赔偿的填平范围内。

原告系在专业医疗机构进行种植牙治疗。其在专业医疗机构和医疗工作人员的建议下，选择适合自己的治疗方案是其作为患者的基本权利。同时，又考虑到原告的实际伤情及原告在事故发生时年龄为56岁，需使用牙齿的年限较长等因素，选择质量更好的牙齿，合乎情理。因此，在本案中，财险青田支公司提出的“种植牙金额过高，应按照实际发生金额的30%计算”的异议理由不成立。

编写人：浙江省丽水市青田县人民法院　陈若蓉

30

五车连撞机动车交通事故的责任认定

——覃某那、韦某明诉韦某元等机动车交通事故责任案

【案件基本信息】

1. 裁判书字号

广西壮族自治区柳州市柳江区人民法院（2020）桂0206民初765号民事判决书

2. 案由：机动车交通事故责任纠纷

3. 当事人

原告：覃某那（覃某毛父亲）、韦某明（覃某毛母亲）

被告：韦某元、韦某技、熊某、财险龙岗支公司、韦某圆、韦某宏、财险柳州中心支公司

【基本案情】

2019年2月6日20时26分，被告韦某元驾驶桂BYV×××号“至豪”牌两轮摩托车搭乘韦某娜、黄某清沿国道322线由西往东行驶至1872km+0m三都镇白见村路口左转弯过程中，与对向驶来由覃某毛驾驶的桂BYY×××号建设—雅马哈牌两轮摩托车发生刷碰事故，造成覃某毛及其车辆翻倒在路中间，韦某元的车辆及乘客翻倒在路边，随后熊某驾驶湘J1A×××号“长城”牌小客车及其韦某圆驾驶的桂BZE×××号“东风日产”牌小轿车一前一后沿国道322线由东往西行驶至事故路段，行驶在前的湘J1A×××号“长城”牌小客车向右避让过程中先碾轧过躺在路上的覃某毛身体后又将停在右侧路边由张某伟驾驶并搭乘韦某桃（抱着张某轩，1岁）、赖某蒋的电动车（悬挂桂B8×××

号电动车号牌）撞下路基，紧随其后的桂BZE×××号“东风日产”牌轿车车头则与翻倒在路上的桂BYY×××号建设—雅马哈牌两轮摩托车相撞，此连环事故造成五车不同程度损坏，覃某毛当场死亡，韦某娜、黄某清、韦某桃、张某轩、赖某蒋、张某伟受伤。

经柳州市公安局交通警察支队交通犯罪侦查大队认定：1. 在覃某毛和韦某元的交通事故当中，覃某毛、韦某元承担事故同等责任。2. 在熊某与覃某毛、韦某元、张某伟、韦某桃、张某轩、赖某蒋的交通事故中，熊某承担事故同等责任，覃某毛、韦某元共同承担事故同等责任，当事人张某伟、韦某桃、张某轩、赖某蒋无责任。3. 在韦某圆与桂BYY×××号摩托车车损交通事故中，韦某圆承担此事故同等责任，覃某毛和韦某元共同承担此事故同等责任。经查，湘J1A×××号“长城”牌小客车车主为熊某，为该车在财险龙岗支公司投保有交强险和商业三者险，事故发生在保险期限内。桂BZE×××号“东风日产”牌轿车主为韦某宏，为该车在财险柳州中心支公司投保有交强险，事故发生在保险期限内。综上所述，覃某那、韦某明特向法院提起诉讼，请求法院支持覃某那、韦某明的诉讼请求。

【案件焦点】

本次交通事故责任及各方当事人民事责任的认定问题。

【法院裁判要旨】

广西壮族自治区柳州市柳江区人民法院认为，柳州市公安局交通警察支队柳江大队作出的道路交通事故认定书认定的事实清楚，因果关系明确，法律适用正确，且当事人无相反证据推翻该认定书认定的事实和责任划分的依据，故本院对该事故认定的证明力予以采信并作为本案认定各方当事人责任的依据。各方当事人对事故中造成覃某毛死亡的损害后果依法承担相应的民事责任。

湘J1A×××号“长城”牌小客车所有人为熊某，在财险龙岗支公司投保有交强险和100万元商业三者险含不计免赔，桂BZE×××号“东风日产”牌轿车所有人为韦某宏，在财险柳州中心支公司投保有交强险，均应在保险责任限额范围内承担相应的赔偿责任。韦某元驾驶的桂 BYV×××号“至豪”牌两轮摩托车登记的所有人虽为韦某技，但两三年前已由韦某技的父亲转让给韦某元，虽未办理车辆过户手续，但无证据证实韦某技对本次事故造成的损害后果存在过错，故韦某技无须对覃某毛的死亡承担民事责任。韦某元作为桂 BYV×××号“至豪”牌两轮摩托车的实际车主，未购买交强险，依法应先在交强险责任限额范围内承担赔偿责任，不足部分，再根据双方责任比例承担责任。

根据查明的事实和综合审查确认的证据，对原告覃某那、韦某明因本次交通事故造成的各项合理损失认定为 692242 元，加上精神损害抚慰金，共计 708742 元。

因本案为三起事故区分定责，按道路交通事故认定书的责任认定，先由财险龙岗支公司在交强险死亡伤残赔偿限额 110000 元项下进行赔偿，因本次事故涉及韦某桃等人为上述交强险的理赔对象，根据各被侵权人在本次事故中的损失比例，由财险龙岗支公司在交强险死亡伤残赔偿限额 110000 元项下赔偿原告覃某那、韦某明 50000 元（含精神损害抚慰金 5000 元），在财产损失赔偿限额 2000 元项下按比例赔偿 1600 元车辆维修费。由韦某元在交强险死亡伤残赔偿限额 110000 元项下赔偿原告覃某那、韦某明 55000 元（含精神损害抚慰金 10000 元），在财产损失赔偿限额 2000 元项下按比例赔偿原告覃某那、韦某明 1400 元车辆维修费。韦某圆与桂 BYY×××号摩托车的车损交通事故中承担此事故的同等责任，故桂 BZE×××号“东风日产”牌轿车所投保的财险柳州中心支公司在本案中在交强险财产损失赔偿项下按比例赔偿原告覃某那、韦某明车辆修理费 920 元（含施救费 100 元）。原告覃某那、韦某明余下损失 604822 元，由财险龙岗支公司按责任比例在商业三者险责任限额范围内承担 151205.5 元［（604822 元÷2）×50%］，由韦某元按责任比例承担 151205.5 元［（604822 元÷2）×50%］。因财险龙岗支公司和财险柳州中心支公司已承担赔偿责任，被告韦某圆、熊某不再对原告覃某那、韦某明承担赔偿责任。

广西壮族自治区柳州市柳江区人民法院依照《中华人民共和国侵权责任法》第三条、第六条第一款、第十五条第一款第（六）项、第十六条、第二十二条、第四十八条,《中华人民共和国道路交通安全法》第七十六条,《中华人民共和国保险法》第六十五条,《最高人民法院关于审理道路交通事故损害赔偿案件适用法律若干问题的解释》第十四条、第十五条、第十六条、第二十二条、第二十七条,《最高人民法院关于审理人身损害赔偿案件适用法律若干问题的解释》第十七条、第二十七条、第二十九条,《最高人民法院关于适用〈中华人民共和国民事诉讼法〉的解释》第九十条规定,作出如下判决:

一、被告财险龙岗支公司在机动车第三者责任强制保险责任限额范围内赔偿原告覃某那、韦某明各项经济损失51600元;

二、被告财险龙岗支公司在机动车第三者责任商业保险责任限额范围内赔偿原告覃某那、韦某明各项经济损失151220.5元;

三、被告财险柳州中心支公司在机动车第三者责任强制保险责任限额范围内赔偿原告覃某那、韦某明经济损失920元;

四、被告韦某元赔偿原告覃某那、韦某明各项经济损失207620.5元;

五、驳回原告覃某那、韦某明的其他诉讼请求。

【法官后语】

本案中柳州市公安局交通警察支队柳江大队作出的道路交通事故认定书认定的事实清楚,因果关系明确,法律适用正确,且当事人无相反证据推翻该认定书认定的事实和责任划分的依据,故以此作为本案认定各方当事人责任的依据。对于各方当事人应如何对事故中造成覃某毛死亡的损害后果依法承担相应的民事责任,笔者有以下思考。

一、赔偿顺序

根据《最高人民法院关于审理道路交通事故损害赔偿案件适用法律若干问题的解释》第十六条规定,因发生交通事故造成损害,先由承保交强险的保险公司在责任限额范围内予以赔偿;不足部分,由承保商业三者险的保险公司根据保险合同予以赔偿;仍有不足的,依照道路交通安全法和侵权责任法的相关规定由侵权人予以赔偿。湘J1A×××号“长城”牌小客车所有人为熊某,在财险龙岗支公司投保有交强险和100万元商业三者险含不计免赔;桂BZE×××号

"东风日产"牌轿车所有人为韦某宏，为该车在财险柳州中心支公司投保有交强险，均应在保险责任限额范围内承担相应的赔偿责任。

二、车辆登记人和实际车主如何承担责任

韦某元驾驶的桂BYV×××号"至豪"牌两轮摩托车登记的所有人虽为韦某技，但两三年前已由韦某技的父亲转让给韦某元，虽未办理车辆过户手续，但无证据证实韦某技对本次事故造成的损害后果存在过错，故韦某技无须对覃某毛的死亡承担民事责任。

韦某元作为桂BYV×××号"至豪"牌两轮摩托车的实际车主，未购买交强险，依法应先在交强险责任限额范围内承担赔偿责任，不足部分，再根据双方责任比例承担责任。

这起连环事故造成五车不同程度损坏，一人死亡，多人受伤，涉及多个案件，多人主张权利，法官综观全局，综合分析，区分责任，多方多次协调，最终达到了服判息诉的良好法律效果和社会效果。

编写人：广西壮族自治区柳州市柳江区人民法院 吴柳卉

31

营运车辆停运产生的扩大损失应由车辆所有人与侵权人共同承担

——徐某新诉廖某忠等机动车交通事故责任案

【案件基本信息】

1. 裁判书字号

湖南省常德市中级人民法院（2021）湘07民终372号民事判决书

2. 案由：机动车交通事故责任纠纷

3. 当事人

原告（被上诉人）：徐某新

被告（上诉人）：廖某忠、汽贸公司

被告（被上诉人）：财险常德分公司

被告：刘某瑞

【基本案情】

刘某瑞将自己的重型自卸货车挂靠在汽贸公司名下从事营运业务，2018年10月26日，刘某瑞雇请廖某忠驾驶该重型自卸货车卸货时，货车向右侧翻，倒向由案外人张某闪操作的徐某新所有的挖掘机驾驶室，造成张某闪受伤、挖掘机及重型自卸货车受损的交通事故，经石门县公安局交通警察大队认定，廖某忠负事故全部责任，张某闪无责任，徐某新无责任。后挖掘机被送去维修，2018年11月6日维修完毕，因徐某新、刘某瑞、汽贸公司未及时支付维修费，直到2018年12月12日挖掘机才被取回。该挖掘机从事故发生至提车复工共停运47日，其中合理维修期间为11日。经鉴定：徐某新所有的挖掘机共停运47日，停运总损失为81216元。徐某新所有的挖掘机因交通事故支付施救费12000元、维修费144353.2元、鉴定费9998元。刘某瑞所有的重型自卸货车在财险常德分公司投有交强险和三责险（金额为100万元且不计免赔），被保险人是汽贸公司，事故发生在保险期间内。2018年12月11日，汽贸公司向财险常德分公司索赔，双方就三者车损及施救费的赔付进行了协商，由财险常德分公司赔付142571.7元，汽贸公司并于当日向该保险公司出具了《案件赔付结案书》。之后，财险常德分公司支付了施救费8800元、维修费141170.2元。因对相关损失赔偿未果，徐某新诉至本院，要求判令四被告连带赔偿原告施救费3200元、维修费3183元、停运损失81216元、鉴定费9998元、误工费2403元，合计100000元。

【案件焦点】

徐某新所有的挖掘机产生的停运损失应由谁承担。

【法院裁判要旨】

湖南省常德市石门县人民法院经审理认为，徐某新与刘某瑞、汽贸公司一致确认案涉挖掘机的合理停运时间为 11 天，所以徐某新挖掘机的合理停运损失应为 19008 元（81216 元 ÷47 天 ×11 天），对其主张的合理停运损失超出该金额的部分，本院不予支持；因案涉挖掘机的合理停运损失为 19008 元，所以其扩大的停运损失应为 62208 元（81216 元 – 19008 元）。根据现有的保险责任仅限于财产直接损失范畴的规定，停运损失不属于直接损失，财险常德分公司不应当赔付，且财险常德分公司与汽贸公司签订的商业三者险保险条款亦约定停运损失保险人不负责赔付，故对财险常德分公司主张对停运损失不予赔偿的抗辩，本院予以支持。对于徐某新的合理停运损失 19008 元，根据《最高人民法院关于审理道路交通事故损害赔偿案件适用法律若干问题的解释》第十五条第（三）项的规定，因道路交通事故造成的依法从事货物运输、旅客运输及经营性活动的车辆，因无法从事相应经营活动所产生的合理损失，当事人请求侵权人赔偿的，人民法院应予支持，应当由侵权人刘某瑞承担赔偿责任。对徐某新主张的扩大停运损失 62208 元，应如何承担责任的问题。本院认为，交通事故发生后，案涉挖掘机在修理厂维修并于 2018 年 11 月 6 日维修完毕，但因徐某新、刘某瑞、汽贸公司一直未及时向修理厂支付修理费而无法将挖掘机提出，以致案涉挖掘机于 2018 年 12 月 12 日才从修理厂取出。徐某新作为案涉挖掘机的车主，刘某瑞、汽贸公司作为对案涉交通事故承担全部责任的侵权一方均具有及时支付修理费后取出案涉挖掘机以防止损失扩大的义务，但双方均未及时向修理厂交纳维修费，以致产生扩大停运损失，双方对此均具有一定过错，故本院综合认定由徐某新与刘某瑞、汽贸公司对 62208 元的扩大损失分别承担 50% 的责任。

二审法院同意一审法院的裁判意见。

【法官后语】

本案是一起因营运车辆发生交通事故引发的纠纷，各方对于案件基本事实没有争议，因车辆所有人和侵权人均未及时支付维修费，导致从事经营性活动的车辆产生扩大的停运损失，各方对该扩大的停运损失的负担问题争议较大。

所谓停运损失，是指在交通事故中发生车辆损坏，如果受害人是以被损车辆用于货物或者旅客运输经营活动，则在被损车辆修复期间，受害人因无法进行正常的货物运输或者旅客运输经营而造成的收入的减少。关于停运损失的责任承担，《最高人民法院关于审理道路交通事故损害赔偿案件适用法律若干问题的解释》第十五条第（三）项规定，因道路交通事故造成的依法从事货物运输、旅客运输及经营性活动的车辆，因无法从事相应经营活动所产生的合理损失，当事人请求侵权人赔偿的，人民法院应予支持，故本案的停运损失应由侵权人承担。本案中，因刘某瑞与汽贸公司系挂靠关系，且该事故属于机动车一方责任，应由刘某瑞与汽贸公司连带承担徐某新的停运损失。

对于该停运损失期间应如何确定，是按实际维修时间11天还是实际停运时间47天确定，差距较大。根据侵权责任法可预见性规则、减轻损失的规则，营运车辆因事故受到停运损失的，由侵权责任人承担赔偿责任，但该停运损失范围的确定，应当把握合理性和必要性原则。本案营运车辆发生保险事故后，维修仅花费11天时间，但因车辆所有人和侵权人均未及时向修理厂交纳维修费，以致车辆停运达47天，导致车辆的停运时间超出了合理修理期间，其超出的时间所产生的停运损失属于扩大损失。对于该扩大的停运损失，车辆所有人和侵权人均具有及时支付修理费后取出营运车辆以防止损失扩大的义务，双方对此均有过错，且程度相当，应当各自承担该扩大的停运损失的一半。

实践中，无论是交强险还是商业第三者险，理赔范围均不包括扩大损失。而事故责任方是否应赔偿扩大损失，赔偿限度是多少，各地法院的裁判规则并不相同。因此，作为交通事故的受害方，为减少自身损失，在事故车辆维修完成后应当及时取出并投入使用。

编写人：湖南省常德市石门县人民法院　向军

32

受害人造成的扩大损失自行承担责任

——丘某阳诉潘某鹏等机动车交通事故责任案

【案件基本信息】

1. 裁判书字号

广西壮族自治区南宁市良庆区人民法院（2020）桂 0108 民初 1183 号民事判决书

2. 案由：机动车交通事故责任纠纷

3. 当事人

原告：丘某阳

被告：潘某鹏、滕某宁

被告：财险南宁支公司

【基本案情】

2019 年 2 月 18 日 0 时 34 分，潘某鹏驾驶桂 AB8 × × × 号车沿华西路由西往东方向行驶，行至华西华强路口时恰逢原告驾驶南宁（正式）FE × × × 号二轮电动车沿华强路由北往南方向违反信号灯指示行驶，致使两车发生碰撞，造成原告受伤、两车不同程度损坏的道路交通事故，事发后潘某鹏驾车逃逸。交警部门认定：潘某鹏未取得机动车驾驶证驾车上道路行驶，且发生事故后驾车逃逸，应承担该事故的全部责任，丘某阳不承担该事故责任。

桂 AB8 × × × 号车登记在滕某宁名下，在财险南宁支公司投保交强险，本案事故发生在保险期间内。2019 年 2 月 17 日，滕某宁（甲方）与潘某鹏（乙方）签订了一份《车辆转让协议书》，约定甲方将自己的松花江面包车（车牌号桂AB8×××）转让给乙方，转让价格3000元。案外人“莫某显”作为见证人在协议书上签字。

原告于2019年2月18日至红十字会医院就诊并住院治疗，入院诊断为：脑震荡、全身多处软组织挫伤，经过治疗，原告于2019年4月18日出院。出院诊断为：脑震荡、全身多处软组织挫伤。此次治疗产生门诊费用681.2元（464.3元+216.9元）及住院费用15746.2元，庭审后，法院就原告的住院治疗情况向红十字会医院发函核实情况，该院复函称：经治疗，至2019年3月10日，原告头晕头痛、恶心症状基本恢复良好，脑震荡症状基本痊愈，原告反映左胸壁及右腕部软组织挫伤处仍疼痛（已完成检查排除骨折脱位），该院曾建议原告出院，原告不同意。2019年4月3日，原告病情基本痊愈，但原告要求继续住院治疗。原告在住院期间曾多次以需要至交警队调查车祸纠纷为由外出，大约2019年3月20日后外出较为频繁。

【案件焦点】

1. 因原告原因造成的扩大损失如何界定；2. 在交警部门提供的交通事故认定书中不负责任一方是否不用承担民事赔偿责任。

【法院裁判要旨】

广西壮族自治区南宁市良庆区人民法院经审理认为：潘某鹏未取得机动车驾驶证驾车上道路行驶且发生事故后驾车逃逸，交警部门据此认定潘某鹏承担该事故的全部责任，原告不承担该事故责任，而双方当事人均未提出书面复核申请，故本院予以采信。交通事故责任并不等同于民事赔偿责任，民事赔偿责任应根据损害行为、损害后果、行为与后果之间的因果关系及主观方面的过错程度等方面综合判断。潘某鹏无证驾驶机动车上道路行驶且发生事故后驾车逃逸，属于严重违反交通规则行为，对发生交通事故、造成损害后果的过错极大，而原告驾驶电动车违反信号灯指示行驶的违反交通规则行为对本案损害后果亦存在过错，故本院根据双方过错程度，确定桂AB8×××号车一方承担90%的民事赔偿责任，原告自行承担10%的民事赔偿责任。财险南宁支公司系桂AB8

×××号车的交强险承保公司，其应在医疗费用赔偿限额内赔偿原告医疗费用10000元，在死亡伤残赔偿限额内赔偿原告损失2299元，合计12299元。财险南宁支公司赔偿后，不足的医疗费用部分6703.8元（16703.8元－10000元），由原告自行承担670.38元（6703.8元×10%），机动车当事人承担6033.42元（6703.8元×90%）。本案中，潘某鹏作为直接侵权人，应对原告进行赔偿。《最高人民法院关于审理道路交通事故损害赔偿案件适用法律若干问题的解释》第二条规定，被多次转让但是未办理登记的机动车发生交通事故造成损害，属于该机动车一方责任，当事人请求由最后一次转让并交付的受让人承担赔偿责任的，人民法院应予支持。根据《车辆转让协议书》及滕某宁、潘某鹏的陈述，桂AB8×××号车虽登记在滕某宁名下，但已经转让给了潘某鹏，故滕某宁不承担赔偿责任。潘某鹏辩称其系借用桂AB8×××号车发生事故，应由滕某宁赔偿原告损失，属不诚信行为，与事实不符，与法律规定相违背，本院不予采信。综上，机动车方应赔偿的6033.42元，由潘某鹏负担。依照《中华人民共和国侵权责任法》第六条第一款、第四十八条，《最高人民法院关于审理道路交通事故损害赔偿案件适用法律若干问题的解释》第十六条，《最高人民法院关于审理人身损害赔偿案件适用法律若干问题的解释》第十七条、第十九条、第二十条、第二十二条、第二十三条规定，判决如下：

一、被告财险南宁支公司于本判决生效之日起七日内向原告丘某阳赔偿12299元；

二、被告潘某鹏于本判决生效之日起七日内向原告丘某阳赔偿6033.42元；

三、驳回原告丘某阳的其他诉讼请求。

判决后，原告与被告均未上诉，判决已生效。

【法官后语】

在机动车交通事故责任纠纷中，原、被告双方往往会对原告主张的损失是否合理产生激烈的争执，此时需要综合考虑，不能仅靠原告提供的证据就全部支持。

事故受害人的住院治疗天数应综合考虑其伤情和出院记录以及医生建议。

如受害人在医院已告知痊愈达到出院条件后仍拒绝出院的，受害人应对由此扩大的经济损失自行承担责任。本案中原告的入院伤情为“脑震荡和全身多处软组织挫伤”，属伤情较轻情形，但原告以出院记录显示住院59天来主张损失，被告不认可。面对存在疑点的住院天数，且被告反应比较强烈的情况下，本院向出具入院、出院记录的红十字会医院发函询问，医院复函称原告住院21天后该院曾建议原告出院，原告不同意，据此本院认定原告应住院时间为21天，后面扩大的损失由原告承担。根据红十字会医院核实的情况，即原告于2019年3月10日可出院；氧气费、诊查费、床位费、护工费、空调费按照天数收费；住院期间，所有检查及治疗均为此次车祸损伤所需。原告在出院后亦存在继续用药的情况，故确定应从住院费用15746.2元中扣除按天数计费的诊查费、床位费、护工费、氧气费等费用共计1760.6元，则住院费用为13985.6元（15746.2元－1760.6元）。故医疗费为14603.8元（618.2元＋13985.6元）。原告的住院伙食补助费、误工费按21天计算。

在《交通事故认定书》中不负事故责任一方是否就当然不负民事赔偿责任。交通事故责任并不等同于民事赔偿责任，民事赔偿责任应根据损害行为、损害后果、行为与后果之间的因果关系及主观方面的过错程度等方面综合判断。这就需要法官针对具体事故来判断双方的行为对损害后果的产生造成多大的影响。本案的交通事故认定书中被告潘某鹏虽因逃逸而被交警认定承担全部责任，原告不承担责任，但在民事赔偿中，原告的闯红灯行为对本案损害后果亦存在过错，需承担10%的民事赔偿责任。

编写人：广西壮族自治区南宁市良庆区人民法院　姚杰林

33

机动车交通事故责任中基础性疾病的因果关系认定

——黎某飞诉陈某森等机动车交通事故责任案

【案件基本信息】

1. 裁判书字号

广西壮族自治区梧州市龙圩区人民法院（2020）桂0406民初529号民事判决书

2. 案由：机动车交通事故责任纠纷

3. 当事人

原告：黎某飞

被告：陈某森、易某锦、财险梧州中心支公司

【基本案情】

原告黎某飞（72岁）是农村居民，与覃某兰（1950年7月15日出生）是夫妻，生育有五个子女，已成年。

2019年9月5日14时50分许，陈某森驾驶桂D66×××号重型自卸货车沿G207线由岑溪往龙圩方向行驶，行驶至G207线3746km+600m超越前车时，与前车同向行驶由黎某飞驾驶的桂DQY×××号普通二轮摩托车发生碰撞，造成黎某飞受伤及两车不同程度受损的道路交通事故。2019年11月4日，梧州市公安局交通警察支队事故处理大队作出第201909161250001号《道路交通事故认定书》，认定陈某森承担此事故的主要责任，黎某飞承担此事故的次要责任。经法院依法委托广西公明司法鉴定中心对原告的伤情进行鉴定，广西公明司法鉴定中心于2020年7月30日作出桂公明司鉴中心（2020）临鉴字第272

号《司法鉴定意见书》，评定“黎某飞颈髓损伤经治疗后遗留四肢瘫（左侧肢体肌力2级以下）为二级伤残；黎某飞目前生活需要完全护理依赖；黎某飞本次事故损伤后误工期为365日，营养期为150日；黎某飞的颈髓损伤并四肢瘫等损害后果与本次交通事故存在因果关系，外伤参与度为50%”。黎某飞支付鉴定费7000元，财险梧州中心支公司支付鉴定费3000元。桂D66×××号重型自卸货车是易某锦所有，雇用陈某森为驾驶司机，在财险梧州中心支公司投保了交强险及第三者责任险（不计免赔保险金额150万元），保险期限自2019年8月9日0时起至2020年8月8日24时止，事故发生在保险期限内。黎某飞在事故发生的当天即被送到梧州市人民医院住院治疗至2019年11月19日出院（住院75天）；2019年11月20日转到梧州市中医医院继续治疗至2020年1月18日出院（住院59天），共花费医疗费109313.49元。故起诉至法院，请求法院判令三被告赔偿原告损失。

【案件焦点】

1. 如何认定机动车交通事故责任中基础性疾病的因果关系；2. 是否要因基础性疾病而自负相应的责任。

【法院裁判要旨】

广西壮族自治区梧州市龙圩区人民法院经审理认为：道路交通事故的损害赔偿，应按其在事故中的过错责任承担相应的赔偿责任。本次交通事故，经梧州市公安局交通警察支队事故处理大队依职权作出第201909161250001号《道路交通事故认定书》，认定被告陈某森承担此事故的主要责任，原告黎某飞承担此事故的次要责任。该认定书事实清楚，程序合法，且双方当事人均无异议，本院予以采信。虽然广西公明司法鉴定中心出具的桂公明司鉴中心（2020）临鉴字第272号《司法鉴定意见书》，认为“黎某飞颈髓损伤经治疗后遗留四肢瘫（左侧肢体肌力2级以下）为二级伤残……黎某飞的颈髓损伤并四肢瘫等损害后果与本次交通事故存在因果关系，外伤参与度为50%”。但若非本次交通事故，就不会造成原告黎某飞二级伤残的损害结果发生。虽然原告黎某飞自身的基础疾病对损害后果的发生具有一定的影响，但这不是《中华人民共和国侵权责任法》第二十六条规定的“被侵权人对损害的发生也有过错的，可以减轻侵权人的责任”及《中华人民共和国道路交通安全法》第七十六条规定的可以减轻侵权人赔偿责任的情形，故原告黎某飞不应因个人体质状况对交通事故导致的伤残存在一定影响而自负相应责任。交强险立法亦未规定在确定交强险责任时应依据受害人体质状况对损害后果的影响作相应扣减。故计算原告的残疾赔偿金、精神损害抚慰金不应计算参与度。因此，被告陈某森应承担本次事故70%的民事赔偿责任，原告黎某飞应承担30%的民事赔偿责任。

广西壮族自治区梧州市龙圩区人民法院依照《中华人民共和国道路交通安全法》第七十六条第一款第（一）项，《中华人民共和国保险法》第六十五条第一款、第六十六条，《中华人民共和国侵权责任法》第三条、第六条、第十六条、第二十二条、第四十八条的规定，判决如下：

一、被告财险梧州中心支公司应在本判决生效之日起十日内赔偿原告黎某飞的损失557756.22元；

二、驳回原告黎某飞的其他诉讼请求。

【法官后语】

本案争议的焦点主要是基础性疾病与交通事故责任的因果关系。财险梧州中心支公司主张广西公明司法鉴定中心出具的桂公明司鉴中心（2020）临鉴字第272号《司法鉴定意见书》可以认定黎某飞颈髓损伤经治疗后遗留四肢瘫（左侧肢体肌力2级以下）为二级伤残，原告的颈髓损伤并四肢瘫等损害后果与本次交通事故存在因果关系，外伤参与度为50%，故残疾赔偿金应当乘以外伤参与度系数50%。但是在本案的审理过程中，综合本案的证据及查明的事实，认为不应因个人体质状况对交通事故导致的伤残存在一定影响而自负相应责任。主要理由如下：

侵权行为法上的因果关系是指满足于一般认知的证明要求，客观上存在侵权行为与损害后果之间的事实联系性。无论是过错责任还是无过错责任，在确定侵权人责任时，均须确定侵权行为与损害后果之间是否有因果关系。虽然广西公明司法鉴定中心出具的桂公明司鉴中心（2020）临鉴字第272号《司法鉴定意见书》认为黎某飞颈髓损伤经治疗后遗留四肢瘫（左侧肢体肌力2级以下）为二级伤残，黎某飞的颈髓损伤并四肢瘫等损害后果与本次交通事故存在因果关系，外伤参与度为50%，但在本案中很难认定黎某飞基础性疾病与交通事故损害结果的因果关系，一是若非发生本次交通事故，也不会造成黎某飞二级伤残的损害结果，而本次交通事故的主要责任在于陈某森。二是对基础性疾病因果关系作出认定的司法鉴定意见书是交通事故发生后作出的，而黎某飞在事故发生前可以正常驾驶车辆，且没有证据证明在事故发生前黎某飞基础性疾病的具体情况，因此缺乏足够的证据认定基础性疾病与交通事故损害结果存在因果联系。

根据《中华人民共和国民法典》第一千一百七十三条的规定："被侵权人对同一损害的发生或者扩大有过错的，可以减轻侵权人的责任。"因此即使黎某飞自身的基础疾病对损害后果的发生具有一定的影响，但其主观上没有过错，不符合《中华人民共和国民法典》侵权责任编的有关规定，不能予以扣减赔偿数额。同时《中华人民共和国道路交通安全法》第七十六条第一款规定："……机动车之间发生交通事故的，由有过错的一方承担赔偿责任；双方都有过错的，按照各自过错的比例分担责任。"该条款虽然规定了可以减轻侵权人赔偿责任的情形，但以黎某飞自身的基础疾病与交通事故损害结果有因果关系要求黎某飞自负相应责任，从而减轻陈某森的赔偿责任，不符合该条款关于过错的规定。交强险立法亦未规定在确定交强险责任时应依据受害人体质状况对损害后果的影响作相应扣减。因此对于基础性疾病是否扣减赔偿比例，结合本案的具体情况，应当认为缺乏法律依据，不能予以认定。

编写人：广西壮族自治区梧州市龙圩区人民法院　叶海志　潘蓉萍

34

因“二次碰撞”交通事故分别产生两次损失情形下侵权赔偿责任的正确认定

——甲物流公司诉财险某支公司等机动车交通事故责任案

【案件基本信息】

1. 裁判书字号

山东省淄博市中级人民法院（2019）鲁03民终4493号民事判决书

2. 案由：机动车交通事故责任纠纷

3. 当事人

原告（被上诉人）：甲物流公司

被告（上诉人）：财险某支公司

被告：贾某、乙物流公司

【基本案情】

2019年4月12日4时2分许，王某驾驶车牌号为鲁S32×××/鲁S9×××挂重型半挂牵引车，沿省道329由东向西行驶至事故地点，未保持安全车距，与前方顺行由高某驾驶的车牌号为鲁Q69×××重型货车追尾相撞，造成两车受损的交通事故。随后，在2019年4月12日4时3分许，贾某驾驶车牌号为鲁UC7×××/鲁UG×××挂重型半挂牵引车，沿省道329由东向西行至事故地点，未保持安全车距，撞至已发生交通事故的王某停驶的鲁S32×××/鲁S9×××挂重型半挂牵引车左后侧，造成该车受损，贾某受伤的交通事故。事故发生后，交警部门分别对两次事故作出责任认定：2019年4月12日4时2分许发生的事故为王某负全部责任，高某无责任；2019年4月12日4时3分许发生的事故为贾某负全部责任，王某无责任，高某无责任。事故发生后，某救援公司对原告车辆进行了现场救援；2019年5月20日，某评估公司出具财产评估鉴定意见：鲁S32×××重型半挂牵引车维修金额为310000元；鲁S9×××挂重型半挂的损失金额为14700元。

王某驾驶车牌号为鲁S32×××/鲁S9×××挂重型半挂牵引车登记所有人为甲物流公司，王某系该公司雇用的驾驶员；鲁UC7×××/鲁UG×××挂重型半挂牵引车的所有人为贾某，该车辆挂靠在被告乙物流公司，该车辆在财险某支公司投保交强险及100万元不计免赔商业三者险，事故发生在保险期内。2019年4月12日4时2分许发生的鲁S32×××/鲁S9×××挂重型半挂牵引车与鲁Q69×××重型货车追尾的交通事故，甲物流公司已经通过保险公司处理完毕。

【案件焦点】

因“二次碰撞”交通事故分别产生两次损失情形下侵权赔偿责任应如何正确认定。

【法院裁判要旨】

山东省沂源县人民法院经审理认为：交警部门已明确认定为两次事故并分别作出责任认定，三方当事人均无异议，应按两次交通事故处理。第一次事故中原告所有的鲁S32×××/鲁S9×××挂重型半挂牵引车的驾驶员王某负全部责任，甲物流公司已通过保险公司自行处理完毕，第二次事故中乙物流公司所有的鲁UC7×××/鲁UG×××挂重型半挂牵引车的驾驶员贾某负全部责任，故应由贾某承担全部赔偿责任。原告的车辆在第一次事故中确实已经受到损失，但同时在第二次事故中不但产生了新的损失，又在第一次事故的基础上加重了损失，原告受到的损失尤其是在第一次事故中受到的损失和在第二次事故中加重的损失，在两次事故中均无法区分，亦无法明确损失的具体数额，因此根据交通事故责任认定书的责任认定，按照第二辆车赔偿第一辆车、第三辆车赔偿第二辆车的原则予以处理更符合本次事故实际和公平原则，故原告车损应由鲁

UC7×××/鲁UG×××挂重型半挂牵引车一方全部承担。因此财险某支公司提出的应由鲁Q69×××重型货车和鲁UC7×××/鲁UG×××挂重型半挂牵引车共同承担赔偿责任的辩解理由不成立，不予采信。贾某驾驶车辆与甲物流公司所有的车辆之间发生交通事故，贾某负事故全部责任，应承担全部赔偿责任。因贾某驾驶的鲁UC7×××/鲁UG×××挂重型半挂牵引车在财险某支公司投保交强险，故该保险公司应在交强险限额内先行承担赔偿责任，该车辆同时投保100万元不计免赔商业三者险，故该保险公司应在贾某承担民事责任的范围内优先在商业三者险限额内根据保险合同予以赔偿。同时，因贾某与乙物流公司系挂靠关系，对保险范围以外给原告造成的损失应由双方承担连带赔偿责任。诉讼费、鉴定费等费用依据保险合同，不属于保险公司理赔范围，应由侵权人承担赔偿责任。据此，一审判决如下：

一、财险某支公司在交强险限额范围内赔偿甲物流公司车损324700元、施救费5300元共计330000元中的2000元；在机动车商业三者险限额内赔偿甲物流公司车损324700元、施救费5300元共计330000元中的328000元；

二、贾某赔偿甲物流公司鉴定费4640元，乙物流公司对该款项承担连带赔偿责任。

财险某支公司不服一审判决提起上诉。山东省淄博市中级人民法院经审理认为：根据交通事故认定书，甲物流公司所有的鲁S32×××/鲁S9×××挂重型半挂牵引车先后发生两次事故，分别产生两次损失。因甲物流公司的驾驶人员在第一次事故中负全部责任，财险某支公司承保车辆的驾驶人在第二次事故中负全部责任，故甲物流公司应对其第一次事故损失自负责任，财险某支公司应对甲物流公司的第二次事故损失负全部赔偿责任。根据《中华人民共和国侵权责任法》（以下简称《侵权责任法》）第十二条的规定，因本案两次事故对甲物流公司造成的损失无法明确区分责任大小，应由两次事故的责任主体平均承担赔偿责任，故财险某支公司应赔偿甲物流公司车损162350元（324700元÷2）、施救费2650元（5300元÷2），共计165000元。综上，原审判决认定事实清楚，但适用法律错误，依法应予改判。据此，二审判决如下：

一、维持一审判决第二项；

二、撤销一审判决第一项；

三、财险某支公司在交强险限额范围内赔偿甲物流公司车损、施救费共计2000元；在机动车商业三者险限额内赔偿甲物流公司车损、施救费共计163000元；

四、驳回甲物流公司的其他诉讼请求。

【法官后语】

本案主要涉及因“二次碰撞”交通事故分别产生两次损失情形下侵权赔偿责任的正确认定问题。

“二次碰撞”是指在道路交通事故中，先后发生两次碰撞，造成同一损害后果，其具有损害后果累加、原因力竞合、责任比例难以划分等特点。司法实践中对于发生“二次碰撞”交通事故分别产生两次损失情形下应如何承担侵权赔偿责任亦认识不一。本案就是如此。本案中一审认为原告受到的损失在两次事故中均无法区分，亦无法明确确定损失的具体数额，故按第二辆车赔偿第一辆车、第三辆车赔偿第二辆车的原则，认定原告车辆损失的赔偿责任应由鲁UC7×××/鲁UG×××挂重型半挂牵引车一方全部承担。二审则认为因两次事故对原告造成的损失无法明确区分具体责任，故对原告车辆损失的赔偿责任应由两次事故的责任主体平均承担。通过本案不难看出，厘清交通事故“二次碰撞”中的因果关系并正确认定责任，对于正确审理此类案件和统一裁判尺度具有重要意义。

从因果关系的角度分析，交通事故数次碰撞属于典型的无意思联络的数人侵权。根据数人行为与损害后果之间的因果关系形式，可以具体区分为共同危险行为、并发侵权行为与竞合侵权行为三种类型，即《侵权责任法》第十条、第十一条和第十二条规定的情形，亦即目前《中华人民共和国民法典》（以下简称《民法典》）第一千一百七十条、第一千一百七十一条和第一千一百七十二条所规定的内容。而像本案这样的数辆机动车先后发生碰撞造成同一损害后果的交通事故侵权，则明显属于《侵权责任法》第十二条即《民法典》第一千一百七十二条所规定的竞合侵权行为的情形。对此《侵权责任法》第十二条规定："二人以上分别实施侵权行为造成同一损害，能够确定责任大小的，各自承担相应的责任；难以确定责任大小的，平均承担赔偿责任。"因此，对于数辆机动车先后发生碰撞造成同一损害后果的交通事故侵权，在能够确定责任大小的情况下，侵权人应当按照各自过错和原因力大小承担相应责任；在难以确定责任大小而无法据此确认责任比例的情形下，则应由各侵权人平均承担赔偿责任。其中，对于所谓的"能够确定责任大小"的情形，是指在侵权人的过错和原因力比例能够确定的前提下，可以据此认定侵权人应当承担的损害赔偿责任比例，其需要考虑的要素包括过错大小及原因力大小；对于所谓的"难以确定责任大小"的情形，则是指虽然事故发生的损害原因及产生的损害结果是确定的，但两次事故中各方侵权人的过错程度及其原因力比例无法查清，为避免因此而导致受害人难以获取赔偿，法律推定两次事故的各方侵权行为人对损害后果的发生负同等的责任并据此平均承担赔偿责任。

本案即典型的"难以确定责任大小"的情形。具体来说，就事故损失而言，原告的车辆在第一次事故中确实已经因第一次事故的碰撞而产生损失，但其在第二次事故的碰撞中又产生了新的损失，或者也可以理解为又在第一次事故的基础上加重了损失。也就是说，原告最终的损失即车损324700元和施救费5300元共计330000元实际是前后两次碰撞事故共同造成，即原告最后的全部损害结果实际是前后两次事故的碰撞累加而成的。不过对于原告最终的全部损害结果而言，前后两次事故对该最终损害结果的原因力是无法明确区分的。对此即使经过司法鉴定，也仅能得出前后两次事故的撞击均会导致车辆受损的结论，而无法准确得出前后两次事故对车辆损失的影响所占比例。这也导致原告在第一次事故中受到的损失和在第二次事故中加重的损失无法明确区分，即原告全部损失330000元在第一次事故中的损失数额和第二次事故中的损失数额是无法明确区分的。也就是说，虽然在正常情况下，对于同一车辆，不同重量、不同行驶速度的车辆对其撞击的伤害程度是不同的，但在"二次碰撞"情形下，对于事实上已经因第一次事故造成车辆受损的原告车辆而言，后续的第二次事故的撞击对其车辆造成的损失及前后两次事故分别对车辆造成损失的影响大小及各自所占的比例实际是无法确定的，这在客观上就出现了“难以确定责任大小”的情况。如本案中对于“二次碰撞”分别对于原告车辆损害后果的责任大小，当事人未能也确实难以提供有效证据予以证明。因案件两次事故对原告造成的损失无法明确区分责任大小，故依据《侵权责任法》第十二条即《民法典》第一千一百七十二条的规定，在难以确定责任大小的情况下，应由两次事故的责任主体平均承担责任。

需要注意的是，在像本案这样的“二次碰撞”导致难以确定责任大小的情况下，根据《侵权责任法》第十二条即《民法典》第一千一百七十二条之规定“平均承担责任”实际就是对第一次事故和第二次事故所产生的损失数额也就是侵权赔偿数额进行了确认。如本案中原告车辆最终全部损失330000元实际是前后两次碰撞事故共同造成，根据上述规定平均承担责任意味着第一次事故和第二次事故所产生的损失数额即侵权赔偿数额均是165000元（330000元÷2）。因对于第一次事故甲物流公司已经通过保险公司处理完毕，本案原告起诉只是针对第二次事故的侵权赔偿，故根据上述规定首先所确认的原告第二次事故的损失数额即侵权赔偿数额就是165000元。而第二次事故中贾某负全部责任，故贾某一方应赔偿原告165000元。根据《中华人民共和国道路交通安全法》第七十六条和《民法典》第一千二百一十三条的规定，先由承保机动车强制保险的保险公司在交强险责任限额范围内予以赔偿；不足部分由承保商业三者险的保险公司按照保险合同的约定予以赔偿；仍然不足的再由侵权人赔偿。因贾某车辆在财险某支公司投保交强险和100万元不计免赔商业三者险且事故发生在保险期内，故应由财险某支公司首先在交强险责任限额范围内赔偿2000元，然后在商业三者险范围内赔偿剩余的163000元。本案二审据此依法改判无疑是正确的。

编写人：山东省淄博市中级人民法院　荣明潇
山东省淄博市张店区人民法院　刘晓辉

35

侵权人驾驶登记在其配偶名下车辆发生交通事故的其配偶应否承担事故赔偿责任

——沈某诉杨某等机动车交通事故责任案

【案件基本信息】

1. 裁判书字号

山东省淄博市中级人民法院（2019）鲁03民终4487号民事判决书

2. 案由：机动车交通事故责任纠纷

3. 当事人

原告（被上诉人）：沈某

被告（上诉人）：杨某、张某

被告：财险某支公司

【基本案情】

2018年3月2日18时59分，杨某驾驶登记在张某名下的鲁C3R×××号小型普通客车将步行的沈某撞倒，造成车辆轻微受损，沈某受伤的道路交通事故。该事故经交警部门认定：杨某承担事故全部责任，沈某不承担事故责任。沈某受伤后，先后在甲医院住院治疗两次109天、在乙医院住院治疗四次198天，出院诊断为：特重型颅脑损伤、症状性癫痫、左额颞部颅骨缺损修补术后、多发颅脑骨折、多发脑梗死、肺部感染、气管切开术后、肠道畸形术后、疝气术后、运动障碍等。沈某申请法院委托对其伤残等级、护理依赖程度、护理期限及人数、误工期限、营养期限进行鉴定，2019年4月16日，某医院司法鉴定所出具司法鉴定意见书：被鉴定人沈某之伤情已构成一级伤残；完全护理依赖；误工期至伤残评定前一日，营养期为18个月；护理期限及人数按护理依赖标准处理。杨某驾驶的鲁C3R×××号小型普通客车的登记所有人为张某，杨某与张某系夫妻关系，该车在财险某支公司投保交强险及50万元不计免赔商业三者险，事故发生在保险期内。沈某起诉要求赔偿各项损失2505445.7元。杨某辩称沈某对事故的发生有明显过错，其部分诉求不符合规定；张某辩称沈某在事实与理由部分并未陈述要求张某承担责任的事实及法律依据，登记在张某名下的涉案机动车已经投保强制保险，被告张某对本次交通事故的发生没有任何过错，其不应承担赔偿责任；财险某支公司辩称其根据先前法院判决已支付给沈某部分款项，其公司同意将剩余保险限额468048.59元予以支付，诉讼费、鉴定费等间接损失不在其承担范围内。

【案件焦点】

侵权人驾驶登记在其配偶名下车辆发生交通事故的，其配偶应否承担事故赔偿责任。

【法院裁判要旨】

山东省沂源县人民法院经审理认为：杨某违反道路交通安全法的规定，造成交通事故且负全部责任，应承担赔偿责任。杨某所驾车辆在财险某支公司投保交强险，故财险某支公司应在剩余交强险限额内先行承担赔偿责任。因杨某所驾车辆在财险某支公司投保商业三者险，交强险限额内不足部分，财险某支公司应在杨某承担民事责任的范围内优先在剩余商业三者险限额内根据保险合同予以赔偿。张某作为登记车主虽无过错，但确定交通事故责任主体有两个标准，一是运行支配，二是运行利益的归属。对于“运行利益”的认定，除了谋取经济利益之外，还应当包括机动车的运行行为为家庭带来的生活便利甚至享受，包括正常的社会交往活动，鲁C3R×××号车属杨某、张某的夫妻共同财产，且是在从事家事活动过程中发生的交通事故，应当视为家庭生活的一部分，机动车的运行利益应当视为夫妻共享，所产生的侵权之债亦应由夫妻共同承担，故该交通事故造成的损失属夫妻共同债务，张某作为夫妻一方与杨某共同承担民事赔偿责任。据此，一审判决如下：

一、财险某支公司在机动车第三者责任强制保险限额内赔偿沈某各项损失共计1755461元中的110000元；在商业三者险限额内赔偿沈某各项损失共计2293905.4元中的358048.59元，以上两项共计468048.59元；

二、被告杨某、张某共同赔偿沈某各项损失1550770.81元；

三、驳回原告沈某在本案中的其他诉讼请求。

杨某、张某不服一审判决提起上诉，请求改判：1. 张某不承担赔偿责任；2. 杨某承担70%的责任，沈某承担30%的责任；3. 驳回沈某不符合法定赔偿条件的部分诉讼请求。山东省淄博市中级人民法院经审理认为：关于张某在本案中应否承担责任的问题，根据《最高人民法院关于审理道路交通事故损害赔偿案件适用法律若干问题的解释》第一条规定，机动车发生交通事故造成损害，机动车所有人或者管理人有下列情形之一，人民法院应当认定其对损害的发生有过错，并适用侵权责任法第四十九条的规定确定其相应的赔偿责任：（一）知道或者应当知道机动车存在缺陷，且该缺陷是交通事故发生原因之一的；（二）知道或者应当知道驾驶人无驾驶资格或者未取得相应驾驶资格的；（三）知道或者应当知道驾驶人因饮酒、服用国家管制的精神药品或者麻醉药品，或者患有妨碍安全驾驶机动车的疾病等依法不能驾驶机动车的；（四）其他应当认定机动车所有人或者管理人有过错的。本案中，杨某驾驶的事故车辆不属于运营车辆，并无证据证实该车辆在运行过程中产生运营经济利益，车辆虽登记在张某名下，但张某作为车辆登记的所有权人并不存在上述法律规定的应当承担赔偿责任的情形，故无法认定张某对于涉案事故发生存在过错。原审判决以运行利益视为夫妻共享、侵权之债由夫妻共同承担为由认定张某在本案中承担责任不当，应当予以纠正。杨某其他上诉主张均不能成立，不予支持。据此，二审判决如下：

一、维持一审判决第一项；

二、撤销一审判决第三项；

三、变更一审判决第二项为：杨某赔偿沈某各项损失1550770.81元；

四、驳回沈某的其他诉讼请求。

【法官后语】

本案涉及的主要问题在于，侵权人驾驶登记在其配偶名下的车辆发生交通事故的，其配偶应否承担事故赔偿责任。

日常生活中肇事司机驾驶登记在其配偶名下的车辆发生交通事故的情况并不少见，在此情况下其配偶应否承担事故赔偿责任，司法实践中认识不一。本案就是如此。本案一审认为被告张某作为登记车主虽无过错，但涉案车辆系被告杨某和张某的夫妻共同财产，且是在从事家事活动过程中发生的交通事故，应当视为家庭生活的一部分，机动车的运行利益应当视为夫妻共享，所产生的侵权之债亦应由夫妻共同承担。二审则认为杨某驾驶的事故车辆不属于运营车辆，并无证据证实该车辆在运行过程中产生运营经济利益，车辆虽登记在张某名下，但张某作为车辆登记的所有权人并不存在法律规定的应当承担赔偿责任的情形，故无法认定张某对于涉案事故发生存在过错。

应当说本案二审法院对这一问题的认定是正确的。其主要理由在于：首先，《最高人民法院关于审理道路交通事故损害赔偿案件适用法律若干问题的解释》第一条明确规定，机动车发生交通事故造成损害，机动车所有人或者管理人有下列情形之一，人民法院应当认定其对损害的发生有过错，并适用侵权责任法第四十九条的规定确定其相应的赔偿责任：（一）知道或者应当知道机动车存在缺陷，且该缺陷是交通事故发生原因之一的；（二）知道或者应当知道驾驶人无驾驶资格或者未取得相应驾驶资格的；（三）知道或者应当知道驾驶人因饮酒、服用国家管制的精神药品或者麻醉药品，或者患有妨碍安全驾驶机动车的疾病等依法不能驾驶机动车的；（四）其他应当认定机动车所有人或者管理人有过错的。据此，车辆登记的所有权人存在上述法律规定的应当承担赔偿责任的情形时，人民法院才可以认定其对损害的发生有过错，并依法确定其相应的赔偿责任。其次，侵权人的配偶并不是共同侵权人，侵权人单独驾驶车辆发生交通事故，其配偶并无共同侵权的故意亦无共同侵权行为。再次，交通事故侵权之债通常情况下应认定为个人债务。毕竟从一般意义而言，夫妻共同债务的认定应当看双方有无共同举债的合意或者该债务是否用于夫妻共同生活或共同经营，既然如此，则通常情况下的夫妻共同债务都是因合同之债而产生。但交通事故中所产生的赔偿责任明显属于侵权之债，而非合同之债。作为侵权之债而认定为夫妻共同债务需要存在特殊情形。比如，在侵权人驾驶车辆为运营车辆，其运营收入用于家庭共同生活的情况下，发生交通事故所产生的债务是为家庭共同生活所致，可认定为夫妻共同债务。最后，根据“运营利益归属”的标准，作为家庭自用车辆，并不属于运营车辆，亦未对侵权人的配偶产生运营经济利益，侵权人的配偶并未从车辆运营中获取利益，虽然家用车辆用于家庭成员工作生活需要，给家庭成员带来方便，但这种便利不直观反映为金钱利益，因而不属于运营利益。

由此可见，侵权人驾驶登记在其配偶名下车辆发生交通事故的，其配偶原则上是不应承担事故赔偿责任的，除非存在上述法定情形或某种特殊情形。故在司法实践中对此不应无限扩大，在无上述法定情形或运营等特殊情形时，侵权人的配偶依法不应承担事故赔偿责任。具体到本案中，杨某驾驶的事故车辆明显不属于运营车辆，也无证据证实该车在运行过程中产生运营经济利益，张某作为车辆登记的所有权人亦不存在上述法律规定的应当承担赔偿责任的情形，故不应认定张某对于涉案事故承担赔偿责任。一审判决以运行利益视为夫妻共享、侵权之债由夫妻共同承担为由而认定张某在本案中承担责任明显不当，二审对此依法改判无疑是正确的。

编写人：山东省淄博市中级人民法院　荣明潇

山东省淄博市张店区人民法院　刘晓辉

36

机动车财产损失“无法修复”的认定

——市场发展公司诉财险某支公司等机动车交通事故责任案

【案件基本信息】

1. 裁判书字号

山东省淄博市中级人民法院（2019）鲁03民终2949号民事判决书

2. 案由：机动车交通事故责任纠纷

3. 当事人

原告（被上诉人）：市场发展公司

被告（上诉人）：财险某支公司

被告（被上诉人）：公交公司、李某

【基本案情】

2019年6月28日，李某驾驶某公交有限公司所有的鲁CJ0xxx号车辆，与赵某驾驶的市场发展公司所有的鲁C03xxx号车辆、与胡某驾驶的鲁C090xxx号车辆、赵某驾驶的鲁C63xxx号车辆在张店区昌国路与翰林路路口西200米发生碰撞，致使市场发展公司车辆损坏，造成道路交通事故，该事故经交警部门认定，李某承担事故的全部责任。李某驾驶的鲁CJ0xxx号车辆登记在公交公司名下。在财险某支公司投保交强险及不计免赔商业险100万元，事故发生在保险期限内。赵某驾驶的鲁C03xxx号车辆所有人为市场发展公司。李某与某公交有限公司均认可李某行为系职务行为。市场发展公司主张应赔偿以下经济损失：1. 车损167967元，提交鉴定报告；2. 清障费2000元，提交发票一份。

【案件焦点】

机动车交通事故责任纠纷案件中财产损失“无法修复”的认定。

【法院裁判要旨】

山东省淄博市张店区人民法院经审理认为：公民的合法权益受法律保护。侵害公民的身体健康权及财产权应当承担赔偿责任。本案系交通事故损害赔偿，应当按照双方在事故中的过错确定赔偿责任。交警部门的交通事故认定书，认定事实清楚，责任划分明确，依法予以采信。根据交通事故认定书李某承担事故全部责任，应承担全部赔偿责任。李某在事故发生时系从事职务行为，故应由公交公司承担赔偿责任。财险某支公司作为事故车辆的投保公司，应当在保险范围承担赔偿责任。市场发展公司主张的经济损失认定如下：1. 对于双方争议的按照何种标准认定问题，价格评估公司接受财险某支公司的委托对涉案车辆进行鉴定后，出具两种价格，一是按照车辆重置法价值 119330 元，二是按照车辆市场法维修价格 167967 元。经询问市场发展公司，其表示因对车辆有感情，要求修理后继续使用。故依法支持按照第二种计算方式支付车损 167967 元；2. 清障费 2000 元。据此，依照《中华人民共和国侵权责任法》第十六条、第三十四条、第四十八条，《中华人民共和国道路交通安全法》第七十六条，《最高人民法院关于审理道路交通事故损害赔偿案件适用法律若干问题的解释》第十四条、第十六条之规定，判决：财产保险公司某支公司在保险范围内赔偿市场发展公司车损 167967 元、清障费 2000 元。

财险某支公司不服一审判决向山东省淄博市中级人民法院提起上诉，请求依法改判其不应按修理价格 167967 元进行赔偿，而应按重置价 119330 元进行赔偿。山东省淄博市中级人民法院经审理认为：《最高人民法院关于审理道路交通事故损害赔偿案件适用法律若干问题的解释》第十二条规定：“因道路交通事故造成下列财产损失，当事人请求侵权人赔偿的，人民法院应予支持：（一）维修被损坏车辆所支出的费用、车辆所载物品的损失、车辆施救费用；（二）因车辆灭失或者无法修复，为购买交通事故发生时与被损坏车辆价值相等的车辆重置费用……”通常，物之损害的赔偿，有毁灭后的重置和毁损后的修复两种。而财产修复的适用，应以有修复的可能和必要为前提，故上述条款中的“无法修复”既指可能无法修理，亦指无必要修理。本案中，市场发展公司所有的车辆，因涉案事故发生损坏，经评估公司对涉案车辆进行鉴定后，出具了车辆重置119330元和车辆维修167967元两种赔偿价格。虽然涉案车辆尚未毁灭，但其维修价格远高于重置价格，即修理费用高于车辆的实际价值，应当认定为无修理的必要。本案市场发展公司亦未对涉案车辆实际进行修理。故一审以市场发展公司表示对车辆有感情要求修理为由支持其主张的车损为车辆维修费用167967元不当，予以纠正。财产保险公司某支公司应按照车辆重置费119330元赔偿市场发展公司的车辆损失。据此，二审改判财产保险公司某支公司在保险范围内赔偿市场发展有限公司车损119330元、清障费2000元。

【法官后语】

本案主要涉及机动车交通事故责任纠纷案件中财产损失“无法修复”的认定问题。

在机动车交通事故责任纠纷案件中，对于财产损失的认定及赔偿问题是当前司法实践中处理此类案件的一个难点问题。关于财产损害，各国民法有的从损害的可赔偿性角度予以规定，有的从损害的类型角度予以规定，其核心目的均在于明确：一个侵权行为造成的财产损害，哪些是可以赔偿的，哪些是不需要赔偿的，即损害的可赔偿性。从侵权法制度的目的看，侵权行为法只有当它避免了过分苛严的责任时，才能作为有效的、有意义的和公正的赔偿体系运行①。对于财产损害来讲，因毁损、灭失导致物价值的减少或修理、重置之费用属于侵权行为直接产生的财产损害，毫无疑问具有可赔偿性。《最高人民法院关于审理道路交通事故损害赔偿案件适用法律若干问题的解释》第十二条规定：“因道路交通事故造成下列财产损失，当事人请求侵权人赔偿的，人民法院应予支持：（一）维修被损坏车辆所支出的费用、车辆所载物品的损失、车

① ［德］克雷斯蒂安·冯·巴尔：《欧洲比较侵权行为法（下册）》，焦美华译、张新宝审校，法律出版社2004年版，第1页。

辆施救费用；（二）因车辆灭失或者无法修复，为购买交通事故发生时与被损坏车辆价值相等的车辆重置费用……”通常，物之损害的赔偿，有毁灭后的重置和毁损后的修复两种。而财产修复的适用，应以有修复的可能和必要为前提，故上述条款中的“无法修复”既指可能无法修理，亦指无必要修理。财产毁灭是财产损害中最严重的侵权，财产灭失后的重置费用亦应是侵权赔偿的最高限额，财产的修复费用不应超过重置费用。作为交通事故被侵权一方，其车辆因侵权人的过错造成损害，侵权人理应对于车辆维修费用予以赔偿，但维修费用应限制在合理的范围内，如果维修费用高于物的实际价值时，将给侵权人造成不合理的负担。本案中，市场发展公司所有的车辆，因涉案事故发生损坏，经评估公司对涉案车辆进行鉴定后，出具了车辆重置119330元和车辆维修167967元两种赔偿价格。虽然涉案车辆尚未毁灭，但其维修价格远高于重置价格，即修理费用高于车辆的实际价值，应当认定为无修理的必要，且本案市场发展公司亦未对涉案车辆实际进行修理。因此，二审法院对于涉案车辆损失按照车辆重置价格119330元予以认定无疑是正确的。

编写人：山东省淄博市张店区人民法院　刘晓辉
山东省淄博市中级人民法院　荣明潇

三、交通事故损害赔偿程序

37

机动车交通事故中人身损害赔偿调解协议可撤销

——彭某洪诉聂某才等机动车交通事故责任案

【案件基本信息】

1. 裁判书字号

湖南省湘潭市雨湖区人民法院（2020）湘0302民初2809号民事判决书

2. 案由：机动车交通事故责任纠纷

3. 当事人

原告：彭某洪

被告：聂某才、龚某生、物流公司、运输公司、财险东营中心支公司、财险顺德分公司

【基本案情】

2019年12月6日10时许，被告聂某才驾驶粤Q19×××号重型货车沿320国道由湘潭城区方向往湘乡方向行驶，至湘潭市雨湖区姜畲镇新街路段时，与原告彭某洪相撞，造成彭某洪受伤的道路交通事故。本次事故经湘潭市公安局交通警察支队雨湖大队认定，被告聂某才负全部责任，原告彭某洪无责任。原告彭某洪受伤后花费住院费50201.5元。被告运输公司系粤Q19×××号重型

货车的所有人，该车在被告财险东营中心支公司投保了交强险，在被告财险顺德分公司投保100万元商业三者险及不计免赔。

2020年1月11日，聂某才与原告彭某洪签订《道路交通事故赔偿协议书》，原告彭某洪前期医疗费用50201.5元，由财险东营中心支公司核付10000元；财险东营中心支公司核定原告彭某洪后期护理费、误工费、伤残赔偿金等所有费用共计30000元。被告财险东营中心支公司依据《道路交通事故赔偿协议书》总计向原告彭某洪赔付40000元（含医药费10000元）。2020年4月8日，湖南融城司法鉴定中心鉴定：彭某洪构成一个九级伤残，一个十级伤残。2020年5月26日，被告龚某生、聂某才与原告彭某洪签订《人民调解协议书》，约定："甲方（原告龚某生、聂某才）垫付乙方（原告彭某洪）的医疗费32000元，甲方自愿放弃，由两保险公司直接赔付给乙方。"原告彭某洪的所受实际损失共177514.7元。

协议签订后，原告花费了巨额的费用用于治疗，所受损失业已远超过赔偿金额，故原告认为在签署该赔偿协议时存在重大误解，且赔偿协议显失公平。原告多次与被告协商未果，原告为维护自身合法权益，故诉至法院。

【案件焦点】

原、被告签订的《道路交通事故赔偿协议书》是否可被撤销。

【法院裁判要旨】

湖南省湘潭市雨湖区人民法院经审理认为：本次交通事故发生后，原告彭某洪在没有进行司法鉴定，不清楚自己受伤程度如何的情况下，与被告聂某才签订了《道路交通事故赔偿协议书》，被告财险东营中心支公司按照《道路交通事故赔偿协议书》的约定，赔付了40000元。但是，后经湖南融城司法鉴定中心鉴定，原告彭某洪构成一个九级伤残和一个十级伤残，按照法定标准计算的赔偿金额远超于被告财险东营中心支公司所赔付的40000元，参照《湖南省高级人民法院审理道路交通事故损害赔偿纠纷案件的裁判指引（试行）》第三十五条"交通事故发生后，当事人在不清楚受伤程度的情况下订立赔偿协议，后经鉴定或确有证据足以证明伤残程度远超出受害人预期，受害人请求撤销该协议的，人民法院可予支持”的规定，现原告彭某洪请求撤销《道路交通事故赔偿协议书》，本院予以支持。

湖南省湘潭市雨湖区人民法院依据《中华人民共和国侵权责任法》第六条第一款、第十六条、第四十八条，《中华人民共和国道路交通安全法》第七十六条第一款，《中华人民共和国保险法》第六十五条第一款，《最高人民法院关于审理人身损害赔偿案件适用法律若干问题的解释》第十七条第一款、第十八条、第十九条、第二十条、第二十一条、第二十二条、第二十三条、第二十四条、第二十五条之规定，判决如下：

一、撤销原告彭某洪与被告聂某才于 2020 年 1 月 11 日签订的《道路交通事故赔偿协议书》；

二、被告财险东营中心支公司在交强险限额内赔偿原告彭某洪 120000 元（含已支付的 40000 元）；

三、被告财险顺德分公司赔偿原告彭某洪 48146.42 元；

四、驳回原告彭某洪的其他诉讼请求。

【法官后语】

当事人就交通事故达成赔偿协议并且已履行，但当出现伤情确诊与签订协议时的认识、判断和预见存在重大差异并由此导致重大损失的，受害人可以签订协议时存在重大误解为由，请求撤销该协议。

原告彭某洪在没有进行司法鉴定伤残等级且不充分了解伤情的情况下签订调解协议，经鉴定原告彭某洪构成一个九级伤残，一个十级伤残。原告可否以此为基础，提出存在重大误解，要求撤销当时协议，请求重新确定赔偿数额。笔者认为，对此应考虑如下两个因素：

1. 看协议约定具体内容。如果协议仅就当前可确定的损害进行赔偿，将来发生伤情变化或确诊，出现新的赔偿项目，该协议的签订不影响今后的赔偿问题。如协议约定“事故赔偿一次性了结，今后不再产生纠纷”，当事人一旦达成约定，这种约定方式即表明愿意接受今后确诊或发现新伤情得不到另外赔偿的风险，只有存在法律规定的无效和可撤销的情况下，才能就该道路交通事故纠纷案件重新起诉确定赔偿款项。

2. 看伤情确诊及变化情况，是否与签订协议时存在重大差别。可以从两个方面考虑：一是从主观方面看受害方对伤情及其可能变化是否有较为清楚的认识、判断和预见。遭受交通事故并造成身体损害后果，可能构成伤残，应当为受害人理赔考虑的内容，除非当时伤情显著轻微。二是从客观方面看签订协议赔偿数额与伤情确定或变化后依规定计算应赔偿数额之间的差别。

本案中，原、被告双方在交警部门主持调解时，原告由于对其伤势程度不能正确认知、判断和预见，致使其在签订赔偿协议时对其伤势程度存在“重大误解”，虽然与被告签订了“事故赔偿一次性了结，今后不再产生纠纷”的协议，对今后医疗费也做了笼统规定，但从本案的客观事实和损害后果角度看，调解协议中的赔偿数额与原告实际发生的损失差距较大，如果该项约定成立，对原告来讲明显有失公平。因此，原告在本案中的诉讼请求应当得到支持。

编写人：湖南省湘潭市雨湖区人民法院　李椰聪

38

对于生效民事调解书已确认一次性处理后的损失能否再主张赔偿

——管某云诉陈某彬、财险如东支公司机动车交通事故责任案

【案件基本信息】

1. 裁判书字号

江苏省如东县人民法院（2020）苏0623民初1899号民事判决书

2. 案由：机动车交通事故责任纠纷

3. 当事人

原告：管某云

被告：陈某彬、财险如东支公司

【基本案情】

2016年3月1日12时30分左右，被告陈某彬驾驶苏FK6×××轿车沿如东县掘港镇友谊西路正大转盘处由南向北右转弯向东行驶，遇有原告管某云驾驶苏F1L×××普通二轮摩托车由南向北行驶，发生交通事故，致原告管某云受伤，两车受损。2016年3月8日，如东县公安局交通警察大队做出责任认定，被告陈某彬负事故全部责任，原告管某云无责任。被告陈某彬驾驶的案涉车辆在被告财险如东支公司投保了交强险及商业三者险（100万元，含不计免赔），事故发生在保险期内。2017年5月15日，原告管某云向法院提起诉讼，要求被告财险如东支公司在交强险限额内赔偿122000元，被告陈某彬在交强险限额外赔偿312403.44元（要求在商业三者险范围内一并处理），合计434403.44元。

在法院主持调解下，各方当事人达成如下协议：一、被告财险如东支公司在交强险及商业三者险责任限额内一次性赔偿原告管某云因本起交通事故造成的损失193000元。二、被告陈某彬在交强险及商业三者险责任限额外赔偿原告因本起交通事故造成的损失5755.82元，与垫付款21172.82元相抵后，原告管某云返还被告陈某彬15417元。三、本起交通事故原告的损失一次性处理结束，原告与两被告再无争议。

2019年3月11日，原告管某云因左侧髋关节疼痛在上海市医院做手术，花去医疗费76312.42元。

2020年5月13日，原告管某云以此次手术系由上述交通事故引起，虽达成了调解书，但原告后续发生的费用两被告仍应赔偿为由向本院提起诉讼，请求判决被告陈某彬赔偿各项损失合计437747.71元，被告财险如东支公司在交强险及商业三者险限额内予以赔偿。

【案件焦点】

1. 在生效民事调解书已确认原告的损失一次性处理结束后，原告能否再次向两被告主张赔偿；2. 原告的损失如何确定。

【法院裁判要旨】

江苏省如东县人民法院经审理认为：关于生效民事调解书已确认原告管某云的损失一次性处理结束后，原告管某云能否再次向两被告主张赔偿的问题。原告管某云提起的前次诉讼，经法院主持调解达成协议，且约定了“本起交通事故原告的损失一次性处理结束，原告与两被告再无争议”，但该案调解的事实基础是：原告管某云被诊断为左股骨颈骨折，行左股骨颈骨折闭合复位内固定术，且当时的司法鉴定意见书第三条鉴定意见为：被鉴定人左股骨颈内固定在位，需择期手术取出，二次手术费为9000元，相关的休息期为45日，护理期为15日，护理人数为一人，营养期为15日。原告管某云作为一个普通公民，在调解时对自身伤情的认知、判断，其有理由相信专业医疗机构及司法鉴定机构给出的意见，其无法也无能力预见后期会发生股骨头坏死，需继续行人工全髋关节置换手术的情形，且该次手术无论是医疗费（还需二次更换人工全髋关节），还是误工费、护理费等都给原告管某云造成了很大损失。原告管某云的后期治疗经司法鉴定也与本起交通事故所致其左股骨颈骨折并发股骨头坏死具有关联性，结合本起交通事故中侵权人陈某彬承担全部责任等原因，法院认为，本案中不能简单地以“本起交通事故原告的损失一次性处理结束，原告与两被告再无争议”为由驳回原告管某云要求赔偿的权利，而是应客观地分析、评判调解时约定该条款的原因、事实基础，本着公平原则，保护、支持受害人的实体权利。需要说明的是，本判决中支持原告管某云有权获得的赔偿，是原告管某云伤情发生无法预见变化以后新发生的费用，与此前已发生法律效力的调解书并不矛盾。为减少当事人诉累，没有必要启动相应的司法程序撤销调解书第三条的约定。

关于原告管某云的损失如何确定的问题，因原告管某云两次司法鉴定伤情均为左股骨颈部位，第一次是因左股骨颈骨折遗有左髋关节活动受限构残，第二次是因左股骨颈骨折并发左股骨头坏死行左侧人工全髋关节置换术后遗有左髋关节功能障碍构残，且均被评定为十级伤残，故该部位的伤情第二次被评定构残并非新的、其他部位的伤残，在第一次诉讼时与伤残有关的赔偿事项已协商解决，本次诉讼中不再重复考虑残疾赔偿金、精神抚慰金等费用，在计算其他损失费用时应扣除第一次司法鉴定意见书中第三条确定的有关费用、期限。对原告管某云主张的损失，经法院审核，合计 246607.02 元。

关于各被告承担赔偿责任问题，同时投保机动车第三者责任强制保险和第三者责任商业保险的机动车发生交通事故造成损害的，先由承保交强险的保险公司在责任限额范围内予以赔偿；不足部分由承保第三者责任商业保险的保险公司根据保险合同予以赔偿，仍不足的，由侵权人予以赔偿。本案中，到庭的当事人对事故事实、责任认定均无异议，且经法院审核，在本起交通事故中，交警部门认定被告陈某彬承担全部责任，原告管某云不承担责任并无不当，法院予以确认。因被告陈某彬投保交强险和商业三者险，应当先由被告财险如东支公司在交强险限额内赔偿，又因在第一次诉讼中原告管某云主张要求被告财险如东支公司在交强险及商业三者险限额内赔偿 434403.44 元，且最终达成的调解协议确定的赔偿总额 193000 元亦超过交强险 122000 元的赔偿限额，故原告管某云本次诉讼的损失 246607.02 元应首先由被告财险如东支公司在商业三者险限额内赔偿。在庭审中被告陈某彬自愿负担鉴定费 2830 元，则被告财险如东支公司在商业三者险限额内赔付 243777.02 元。

依照《中华人民共和国侵权责任法》第十六条、第四十八条，《中华人民共和国道路交通安全法》第七十六条，《最高人民法院关于审理人身损害赔偿案件适用法律若干问题的解释》第十七条、第十八条、第十九条、第二十条、第二十一条、第二十二条、第二十三条、第二十四条、第二十五条、第二十八条，《最高人民法院关于审理道路交通事故损害赔偿案件适用法律若干问题的解释》第十六条之规定，判决如下：

一、被告财险如东支公司在第三者责任商业保险限额内赔偿原告管某云因交通事故造成的各项损失（含二次更换人工全髋关节的手术费用）243777.02

元（不含民事调解书确定的193000元）；

二、被告陈某彬赔偿原告管某云因交通事故造成的损失2830元；

三、驳回原告管某云的其他诉讼请求。

【法官后语】

依据“一事不再理”原则，当事人就某一特定诉讼请求的所有诉讼程序进行完毕后，不得就该诉讼请求及其争议事实再行起诉或要求重新审理，以避免增加当事人诉累，浪费司法资源，损害司法权威。如根据上述原则，原告的损失已经调解确认一次性处理结束，被告已全部履行，原告再次提起诉讼，违背一事不再理原则，法院本不该再行处理。但本案存在特殊性，被侵权人作为一个普通公民，在当初调解时对自身伤情的认知、判断，仅限于专业医疗机构及司法鉴定机构给出的意见，其无法也无能力预见后期会发生股骨头坏死，需继续行人工全髋关节置换手术的情形，且该次手术无论是医疗费（还需二次更换人工全髋关节），还是误工费、护理费等损失都很大，如果不处理，对于被侵权人来说就失去了救济途径，明显有失公允。在客观地分析、评判调解时约定条款的原因、事实基础后，本着公平原则，应保护、支持受害人的实体权利。依据《最高人民法院关于适用〈中华人民共和国民事诉讼法〉的解释》第二百四十八条之规定，“裁判发生法律效力后，发生新的事实，当事人再次提起诉讼的，人民法院应当依法受理”。原告进行人工全髋关节置换手术，不是原生效裁判未查明或涉及的事实，也不是当事人在原审中未提出的事实，属于新的事实，同时为减少当事人诉累，也没有必要启动相应的司法程序撤销调解书第三条的约定，本院依法亦应当受理本案。

需要说明的是，本判决中支持获得的赔偿，仅限于被侵权人伤情发生无法预见变化以后新发生的费用，与此前已发生法律效力的调解书并不矛盾。因涉及关于前后两次定残等级不一致，具体如何认定的问题，本案中两次司法鉴定伤情均为左股骨颈部位，第一次是因左股骨颈骨折遗有左髋关节活动受限构残，第二次是因左股骨颈骨折并发左股骨头坏死行左侧人工全髋关节置换术后遗有左髋关节功能障碍构残，且均被评定为十级伤残，故该部位的伤情第二次被评定构残并非新的、其他部位的伤残，在第一次诉讼时与伤残有关的赔偿事项已协商解决，本次诉讼中不再重复考虑残疾赔偿金、精神抚慰金等费用，在计算其他损失费用时应扣除第一次司法鉴定意见书中第三条确定的有关费用、期限。

编写人：江苏省如东县人民法院　戴钟玲　於婷婷　石玉

39

电子保险合同的免责条款说明义务

——姜某洁诉倪某兴、财险江阴支公司机动车交通事故责任案

【案件基本信息】

1. 裁判书字号

江苏省江阴市人民法院（2020）苏0281民初6267号民事判决书

2. 案由：机动车交通事故责任纠纷

3. 当事人

原告：姜某洁

被告：倪某兴、财险江阴支公司

【基本案情】

2019年5月16日7时40分许，姜某洁驾驶无号牌电动自行车沿江阴市华士镇东华路由东向西行驶至勤丰路口东侧向左侧变道时，与由东向西行驶的倪某兴驾驶的小型轿车（逾期未年审）相撞，致车辆受损、姜某洁受伤。2019年5月21日，江阴市公安局交通警察大队作出事故责任认定：姜某洁负事故主要责任，倪某兴负事故次要责任。事故发生后，姜某洁即被送往江阴市医院医治，共花费医疗费33808.32元。经鉴定构成人体损伤十级残疾。

事故发生前，倪某兴通过保险公司业务员指导通过手机APP向保险公司投

保交强险及金额为100万元的商业三者险（含不计免赔），事故发生在保险期内。

【案件焦点】

1. 保险公司业务员指导投保人通过手机APP投保时，对免责条款是否有提示说明义务；2. 如何认定保险人对电子投保单中的免责条款尽到提示说明义务。

【法院裁判要旨】

江苏省江阴市人民法院经审理认为：（1）电子投保是缔结保险合同的合法形式之一，只要是投保人和保险人作出真实意思表示，且不违反法律法规强制性规定的，保险合同就合法有效。因此，以涉案车辆为标的物的保险合同成立。（2）业务员指导投保人通过手机APP投保的操作流程和方法不附带免责条款的提示说明义务。倪某兴系通过自己的手机下载APP并投保，即使业务员未提示其查看条款，但在签署单证前，页面跳出免责提示对话框，倪某兴应知道保险合同存在免赔事项，并可以在签署单证前通过手机操作页面点击查看，业务员仅提供指导操作方法，倪某兴对于是否点击、阅读、支付购买具有决定权，倪某兴自行放弃查看，应承担相关法律后果。（3）保险公司的手机APP投保流程对涉诉免责事项未尽提示说明义务，理由如下：①投保流程中有免责提示对话框，根据对话框，投保人需将《免责事项说明书》中的黑体字内容及免责事项进行抄写，但系统设定了通过点击“确定”后由系统自动抄写，剥夺了投保人通过手动抄写从而具有足够时间接收、理解、记忆相关免责条款的机会，且免责事项一栏与其他保险条款共同并列为按钮选项，需另行点击才能查阅，并未将免责事项单独作为必经页面予以提示；②其演示页面的免责事项中并无被保险车辆未按规定检验等内容，虽然保险公司的委托诉讼代理人辩称因系统原因无法复原倪某兴的投保页面及保险条款，且当庭演示的条款内容因版本更新已删除上述条款，但不能达到证明保险公司在倪某兴投保时已对其尽到“投保车辆未按规定检验系免赔事项”的提示和说明义务。

江苏省江阴市人民法院依照《中华人民共和国道路交通安全法》第七十六条,《中华人民共和国侵权责任法》第十六条,《中华人民共和国保险法》第十七条第二款、第六十四条等规定,作出如下判决:

一、财险江阴支公司于本判决生效之日起十日内向姜某洁赔偿 89709.93 元;

二、驳回姜某洁的其他诉讼请求。

【法官后语】

随着移动互联网的发展和普及,各保险公司均开发手机 APP 应用程序,以替代传统的通过业务员推销销售保险的模式,用电子保险合同取代了书面保险合同。但在手机 APP 推广过程中,保险公司在 APP 程序设计中应注意以下几点:

1. 在电子保险合同签订过程中,保险公司作为 APP 开发者,相当于格式合同提供者,如果合同条款出现争议,应作出对保险公司不利的理解和解释,除了将纸质的合同文本转化为电子文本在手机页面显示,还应注意由于手机页面展示的尺寸、亮度、字体缩放、屏幕锁定等与纸质合同不同而带来的新问题,确保投保人通过电子签名签署电子保险合同时的过程符合民法典规定的成立和有效要件。如系统设定了通过点击“确定”后由系统自动抄写,虽然投保人可以选择自行手动抄写,或者仔细阅读后点击“确定”,但这样的程序设计存在诱使投保人跳过免责条款的阅读步骤直接投保的嫌疑,作为程序设计者需对此承担不利后果。

2. 将免责条款的阅读设定为电子投保的必经程序才能认定保险公司对免责条款尽到提示说明义务。保险公司对于减免自身责任的免责条款的提示说明义务应通过怎样的方式加以体现,法律没有明确的规定。区别于传统的纸质合同通过黑体加粗等方式,电子合同的免责条款提示方式应设置为投保人完成投保的必经程序,并通过程序设定保证投保人能有足够充分的时间在手机页面清晰、完整地查看全部内容,才能认定保险公司对免责条款已尽到提示说明义务。将免责事项一栏与其他保险条款共同并列为按钮选项,需另行点击才能查阅的方式，不能认定为已尽到提示说明义务。

3. 电子投保流程及文本的证据保全问题。由于法律法规、保险政策调整等因素，保险公司会对保险条款、投保流程等作修改，但对于已发生的投保流程及投保的合同条款，在发生争议时不能以争议发生时的流程及文本作为认定投保人的真实投保过程，故保险公司在设计 APP 时应增加相应的模块或功能，使得争议发生时能够真实还原当初投保时的 APP 流程及合同条款，也可以考虑通过公证方式、区块链、第三方电子数据平台等方式保全证据，使电子保险合同符合民事诉讼法关于电子证据的相关要求。

在移动互联网大背景下，电子投保取代传统的投保方式已然是大势所趋。电子投保更便捷、成本更低廉、价格更透明，但不能因此而降低保险人的保险义务，保险人作为 APP 开发者即格式合同提供者，应对此负担起更多的责任和义务，如此才能推动“互联网 +”保险业务的健康有序发展。

编写人：江苏省江阴市人民法院　曹海英

四、交通事故保险理赔

40

法院不需为未诉被侵权人预留交强险份额

——陈某诉江某等机动车交通事故责任案

【案件基本信息】

1. 裁判书字号

广西壮族自治区梧州市中级人民法院（2019）桂04民终644号民事判决书

2. 案由：机动车交通事故责任纠纷

3. 当事人

原告（被上诉人）：陈某

被告（被上诉人）：江某、梁某

被告（上诉人）：财险梧州分公司

【基本案情】

2018年2月6日约22时20分，江某驾驶桂DLK×××小型轿车由陈塘往荔浦方向行驶至国道321线479km+70m（古排路口路段）时，遇醉酒后的行人陈某、黄某互相搀扶从道路西侧往东侧横过公路，临近时发生碰撞，造成陈某、黄某受伤的交通事故。陈某受伤后在蒙山县人民医院等医院住院治疗，共花费医疗费293062.51元。2018年11月2日，受陈某委托的桂林市华源司法鉴定所作出桂市华源（2018）法医鉴字第551号司法鉴定意见书，对陈某因本次事故受伤致残程度、后续诊疗费及误工费、护理费、营养期进行了评定。2018年3月8日，蒙山县公安局交通管理大队作出蒙公交认字（2018）第058号《道路交通事故认定书》，认定江某与陈某、黄某负事故同等责任。江某在借用梁某所有的桂DLK×××小型轿车期间发生交通事故，该车在财险梧州分公司投保了交强险及保险责任限额为1000000元的商业三者险（附不计免赔率条款），保险期限为2018年1月15日至2019年1月15日。事发后，江某向陈某垫付了25000元，财险梧州分公司在交强险医疗赔偿责任限额内向陈某赔付医药费10000元。

【案件焦点】

本案应否在财险梧州分公司承保的交强险限额范围内为另一未起诉的伤者预留相应份额。

【法院裁判要旨】

广西壮族自治区蒙山县人民法院经审理认为：认定江某、陈某各负本次事故50%的民事责任。根据《最高人民法院关于审理道路交通事故损害赔偿案件适用法律若干问题的解释》第十六条的规定，陈某的损失先由财险梧州分公司在交强险限额范围内赔偿，超过部分由财险梧州分公司依约在商业三者险责任限额内承担江某应负的赔偿义务。仍有不足的，由江某负责赔偿，陈某其余损失自负。根据《中华人民共和国侵权责任法》第四十九条的规定，梁某虽是肇事车辆车主，但对损害发生无过错，故不承担赔偿责任。该院认定陈某诉请的医疗费、住院伙食补助费、营养费、护理费、误工费、残疾赔偿金、精神损害抚慰金共554985.11元。由财险梧州分公司在交强险责任限额内赔偿120000元，扣除其已付的医疗费10000元，财险梧州分公司尚应在交强险责任限额内赔偿陈某的损失110000元。该院还对陈某的其余损失作出相应处理。

广西壮族自治区蒙山县人民法院据此作出如下判决：

一、财险梧州分公司应于本判决生效后十日内在交强险责任限额内赔偿陈某因交通事故受伤造成的损失 110000 元；

二、财险梧州分公司应于本判决生效后十日内在商业三者险责任限额内赔偿陈某因交通事故受伤造成的损失 192492.56 元；

三、财险梧州分公司应于本判决生效后十日内在商业三者险的赔偿款中支付江某垫付款 25000 元。

财险梧州分公司不服一审判决，提出上诉。广西壮族自治区梧州市中级人民法院经审理认为：关于上述焦点问题，本案事故同时造成陈某、黄某受伤，该两人均有权就其受伤所致损失向人民法院提起诉讼以维护自身合法权益，一审法院在审理本案诉讼过程中，并未收到另一伤者黄某的相关权利主张，故一审判决未在财险梧州分公司承保的交强险赔偿限额范围内为黄某预留相应份额并无不妥，应予以维持。

广西壮族自治区梧州市中级人民法院依照《中华人民共和国民事诉讼法》第一百七十条第一款第（一）项、第（二）项等规定，作出如下判决：

一、维持广西壮族自治区蒙山县人民法院民事判决第一项；

二、变更广西壮族自治区蒙山县人民法院民事判决第二项为财险梧州分公司应于本判决生效后十日内在商业三者险责任限额范围内赔偿陈某因交通事故受伤造成的损失 180217.06 元；

三、变更广西壮族自治区蒙山县人民法院民事判决第三项为财险梧州分公司应于本判决生效后十日内在商业三者险的赔偿款中支付江某垫付款 12724.50 元。

【法官后语】

同一道路交通事故致多人受伤，交强险责任限额不足以赔偿全部损失，法院是否需为未诉被侵权人预留交强险份额是当前审判实务中争议较大的问题。本案不需为未诉伤者黄某预留交强险份额。主要理由有：

一、不预留交强险份额与机动车强制责任保险制度（以下简称强制险制度）的设置初衷相符

当今世界，为应对科学技术带来的风险和损害事故，进行风险社会的治理必不可少。为贯彻这种社会治理精神，现行法律制度为交通事故构建了损害转

移和损害分散两个规范机制。前者由民法典侵权责任编调整，使被侵权人可向侵权人请求损害赔偿。后者则通过创设强制险制度来解决损害转移制度的弊端，它突破传统一对一的损害赔偿途径，可将损害风险分散给保险机构，以填补被侵权人损害，减轻侵权人负担，减少处理事故的交易成本，保障社会安全。

本案中，为黄某预留交强险份额并非必然选择。其一，如不预留份额，对已诉被侵权人而言，其损失可通过强制险制度得到最大限度弥补，损害风险并不因预留而进一步分散；对未诉被侵权人而言，其损害风险看似无法通过强制险制度分散，但是否预留份额仅涉及内部赔偿顺序问题，实质并不违反完全赔偿原则。交强险不足部分，还有商业险和侵权人兜底，并不最终影响其权利救济。在制度设计上，还可通过道路交通事故社会救助基金提供救济途径，实现风险分散。其二，即使预留份额，对侵权人而言，在我国采取事故分项赔偿保险模式的语境下，交强险责任限额总额已定，赔偿不足部分仍由商业三者险承担，其并不因预留而使自身经济负担进一步减轻。其三，假设侵权人未购买商业三者险，交强险不足时，如预留份额，侵权人将要在已诉案件中及时担责，债务清偿压力骤增，反之，则得以缓解。且侵权人对日后未诉被侵权人的可能诉讼具有预见性，可督促其提高自身驾车注意义务，避免再生事故，从长远看具有指引和教育意义。因此，通过不预留交强险份额的裁判规则的安排，可减少社会中此类损害事故风险，实现侵权责任法预防风险的法律功能。

二、在我国当前保险模式下并不必须预留交强险份额

根据《机动车交通事故责任强制保险条款》第六条规定，我国采用事故分项限额模式。该模式更有利于保险人控制自身经营风险，与立法上的被侵权人概括限额、被侵权人分项限额及事故概括限额模式相比，被侵权人损失的受偿程度最低。进而，预留交强险份额对未诉被侵权人的保障程度更低。即使交强险责任限额可调高，预留也无法真正解决问题。

三、预留交强险份额不利于保护被侵权人的民事诉权

其一，预留可能侵犯未诉被侵权人诉权。当事人享有诉讼程序参与权和选择权。尤其在风险社会，人对自我利益的保护力度变强。我们在讲求损害风险

转移的同时，也需考量损害风险在侵权人与各被侵权人间的分配和平衡。本案中，黄某受伤后未积极起诉，应视为对自我利益救济途径的选择，是对自身损害风险的分配，体现了其在民事诉讼中的意思自治。在此情况下，法院应依不告不理原则，无须为其预留份额。反之则是变相限制其诉讼自由，侵犯当事人诉权。其二，预留不利于保护已诉被侵权人诉权。从实体上看，预留实难操作，未诉被侵权人的损失无法确定，应预留的份额也无从精确计算，且预留行为可视为已诉被侵权人就交强险只能在未预留份额内请求赔偿，对其有失公允。从程序上看，如若该未诉被侵权人最终未使用或全部使用预留份额，而侵权人无法履行已诉案件的判决义务，那么已诉被侵权人无法直接在执行阶段申请保险人在原预留份额内向其赔偿，而其再次起诉保险人又会构成重复起诉。已诉被侵权人的诉权难以得到保护。

编写人：广西壮族自治区梧州市中级人民法院　叶丹　莫金华

41

保险人在电子投保中应明确告知投保人免责条款

——赵某诉冯某、财险北京分公司机动车交通事故责任案

【案件基本信息】

1. 裁判书字号

北京市顺义区人民法院（2019）京0113民初9774号民事判决书

2. 案由：机动车交通事故责任纠纷

3. 当事人

原告：赵某

被告：冯某、财险北京分公司

【基本案情】

2018 年 11 月 2 日 19 时许，冯某驾驶小型轿车由西向东行驶时，适有武某、赵某由西向东行走，小轿车与武某、赵某身体相撞，造成武某死亡，赵某受伤。发生事故后，冯某驾车逃逸。公安机关认定冯某负事故全部责任，武某、赵某无责任。冯某驾驶的车辆在财险北京分公司处投保了交强险和商业三者险。关于冯某保险购买事宜，财险北京分公司称冯某通过财险北京分公司合作的中介代理机构，以电子投保的方式购买保险。

【案件焦点】

财险北京分公司在商业三者险限额内是否应承担保险责任的问题。

【法院裁判要旨】

北京市顺义区人民法院经审理认为：对保险合同中免除保险人责任的条款，保险人在订立合同时应当在投保单、保险单或者其他保险凭证上作出足以引起投保人注意的提示，并对该条款的内容以书面或者口头形式向投保人作出明确说明，否则该条款不产生效力。本案中，冯某发生交通事故后逃逸，逃逸系法律明确禁止性事项。不论冯某是在线上还是在线下投保，财险北京分公司欲免除赔偿责任，均需证明以下几点：第一，向冯某提供附有格式条款的投保单；第二，已对格式条款免责事项进行特别提示和说明，具体到本案需将逃逸作为商业三者险免责事由的条款对冯某作出特别提示。现冯某认可财险北京分公司向其提供投保单，但不认可该投保单附有保险条款。财险北京分公司的举证不能证明冯某系在线上购买保险，其已通过网络（短信）的形式对免除保险人责任条款向冯某进行特别提示。即便如财险北京分公司所述，其向冯某发送过短信，但其所述手机号与公安机关记录的冯某的手机号并不同。综上，财险北京分公司既未证明其向冯某提供投保单时一并附有格式条款，更未证明其将逃逸作为三者险免责事由的格式条款对冯某作出特别提示，其主张商业三者险责任免除的辩解意见本院不予支持，财险北京分公司应在商业三者险限额内承担保险责任。

北京市顺义区人民法院依照《中华人民共和国侵权责任法》第十六条、第十九条、第四十八条，《中华人民共和国保险法》第十七条之规定，作出如下判决：

一、被告财险北京分公司在机动车交通事故责任强制保险限额内赔偿原告赵某医疗费用8825元，财产损失赔偿金1000元，共计9825元，于本判决生效之日起七日内付清；

二、被告财险北京分公司在商业第三者责任保险限额内赔偿原告赵某100000元，于本判决生效之日起七日内付清；

三、被告冯某赔偿原告赵某各项损失费共计11821.21元，于本判决生效之日起七日内付清；

四、驳回原告赵某的其他诉讼请求。

【法官后语】

根据附合同条款订立的一般原理，应当由条款的拟定方保险公司将条款明确提示给对方，并对其内容作详细解释以使对方真正知晓，未通过合理途径让对方知悉的条款不能够成为合同内容而发生效力。本案冯某通过财险北京分公司的中介代理机构购买保险，中介代理机构完全可以以口头或书面的方式将保险免责条款对其进行提示和说明，这种面对面沟通的方式最直接也最容易让投保人清楚保险合同的内容，以及双方之间权利义务的约定，且并未增加成本。如果保险人仅通过短信这一种方式提供保险条款及免责事项说明书，单从保险公司提交的投保流程来看，首先不能看出“保险条款及免责事项说明书”系强制阅读事项，即使设置了强制阅读，仅此一种以点开短信网址链接的方式告知免责事项，亦难以认定保险公司采取了充分合理的方式提请投保人注意免责条款并履行了说明义务。事故后驾车逃逸属于严重违法行为，如果保险公司投保的漏洞导致屡屡对这种违法行为进行赔付，无异于是由保险公司为违法行为买单，短期看可能给受害人以保护，但从长远看却可能引导错误的价值取向，也有违保险制度设立的初衷。希望保险公司在订立保险合同时，就保险条款尤其是免责事项说明书采取更多的合理途径进行提示与说明，力争让投保人对类似

"逃逸"的后果内化于心，外化于行，以期减少他人无辜伤亡的悲剧。

编写人：北京市顺义区人民法院　涂琳　邵冲

42

非主观故意的"肇事逃逸"不引发商业险免赔的法律后果

——孙某保诉王某平等机动车交通事故责任案

【案件基本信息】

1. 裁判书字号

北京市房山区人民法院（2019）京0111民初18437号民事判决书

2. 案由：机动车交通事故责任纠纷

3. 当事人

原告：孙某保

被告：王某平、货物运输站、李某荣、侯某全、财险北京分公司

【基本案情】

2019年5月9日7时32分，孙某保驾驶电动自行车（车牌号：京临0754×××）由东向西行驶至北京市房山区某路某饭店门前时，适有王某平驾驶"欧曼"牌重型自卸货车（车牌号×××）由东向西从后方驶来，驶入北侧非机动车道，重型自卸货车右侧前部将孙某保和电动自行车撞出，造成孙某保受伤，电动自行车损坏。事故发生后，王某平未停车并驶离现场。此事故发生后现场的其他行人向公安机关报警。北京市公安局公安交通管理局房山交通支队某大队（以下简称某大队）接警后勘查了现场，询问了报警人、在场人，调取了监控录像，于2019年5月11日找到王某平，对其进行了询问。同日某大队对车牌号为×××的"欧曼"牌重型自卸货车采取了行政强制措施，扣留了该车，并对

该车进行了勘查。经勘查，该车右前挡泥板划痕，距地高0.90米、面积0.1×0.05平方米，空气滤清器擦痕，距地高1.17米，右侧护网前部擦痕，距地高1.05米。2019年5月13日，某大队向王某平播放了监控录像并再次对其进行了询问，王某平认可事发前有一辆银灰色微型货车在其前方行驶，其从右侧超越该车的时候驶入了非机动车道，并与孙某保驾驶的电动自行车发生剐撞的事实。2019年6月5日，某大队在北京某医院对孙某保进行了询问，孙某保陈述在事发时其骑电动自行车在非机动车道正常行驶，听到后面有车在按喇叭，超越其时，大货车槽邦（车厢）下边不知什么东西挂住其衣服将其剐倒了，事故车辆系绿色的。2019年6月17日，某大队出具了事故认定书，认定王某平驾驶经检测制动力不合格的机动车驶入非机动车道的违法行为与本起交通事故的发生有因果关系，是事故发生的全部原因，且发生事故后驾车逃逸，确定王某平负全部责任，孙某保无责任。被告王某平接到事故认定书后未提出书面复核申请。

此次事故发生时，王某平驾驶的重型自卸货车在财险北京分公司投保了交强险和保额为1000000元的第三者责任保险，此次事故发生在保险责任期间。

财险北京分公司在庭审中辩称，根据事故认定书的记载，发生事故后司机王某平驾车逃逸，属于商业三者险的免赔范围，故对孙某保超出交强险限额的诉讼请求其公司不同意赔偿。

【案件焦点】

事故认定书明确载明王某平肇事逃逸的情况下，王某平驾驶车辆的保险公司是否在商业险内免予赔偿。

【法院裁判要旨】

北京市房山区人民法院经审理认为：本次交通事故经公安交通管理部门认定，王某平负事故全部责任，孙某保无责任，该责任认定系由交管部门依法作出，符合法律规定，本院依法予以确认。关于被告王某平是否构成肇事逃逸，根据王某平2019年5月11日在某大队的陈述，其在事发后并不知道此次交通事故的发生，以及其在某大队 2019 年 5 月 13 日的陈述中表明在事发当日其还再次经过了事发地点，仍不知此次事故的发生，且事发当日一共驾车跑了五六趟，结合原告在某大队的陈述，事发时被告驾驶的大货车车厢下边挂住了原告的衣服，将原告的车辆剐倒，故本院认为被告王某平在此次事故发生后到 2019 年 5 月 13 日前确实不知此次事故的发生。因此，王某平虽在事发后驾车离开了事故现场，但因其主观上无逃逸的故意，故王某平在事发当日驾车离开事故现场的行为不属于肇事逃逸。故根据《中华人民共和国道路交通安全法》第七十六条、《最高人民法院关于审理道路交通事故损害赔偿案件适用法律若干问题的解释》第十六条的规定，原告的损失，由财险北京分公司在交强险责任限额内承担赔偿责任，超出的损失，由财险北京分公司在第三者责任险的限额内予以赔偿。扣除被告垫付的 30000 元，被告财险北京分公司应赔偿原告医疗费、住院伙食补助费、营养费、护理费、误工费、残疾赔偿金、精神损害抚慰金、交通费各项共计 593698. 74 元。原告过高的诉讼请求本院不予支持。

综上，北京市房山区人民法院依照《中华人民共和国道路交通安全法》第七十六条，《最高人民法院关于审理道路交通事故损害赔偿案件适用法律若干问题的解释》第十六条，《中华人民共和国民事诉讼法》第一百四十四条之规定，判决如下：

一、财险北京分公司于本判决生效后十日内赔偿孙某保医疗费、住院伙食补助费、营养费、误工费、护理费、残疾赔偿金、精神损害抚慰金、交通费各项共计 593698. 74 元；

二、驳回孙某保的其他诉讼请求。

一审判决后，双方均未提出上诉。

【法官后语】

肇事逃逸是指在事故发生后，被保险人或驾驶人在未依法采取措施的情况下驾驶保险车辆或者遗弃保险车辆逃离事故现场的行为。

司法实务中，一旦事故认定书载明承保车辆的肇事司机存在逃逸情形，商业险保险公司便会提出免赔抗辩。免赔抗辩是否成立，首要探讨的便是逃逸情形是否真实存在。

根据《中华人民共和国道路交通安全法》及其司法解释和《中华人民共和国民法典》的规定，交通队出具的事故认定书，系由有权机关依法作出，为认定事故发生过程的权威性证明材料，应该作为认定案件事实的依据，但有相反证据推翻的除外。交通队出具的事故认定书，应当然作为认定案件事实的证据，但并非铁证。因事故认定书的出具系事后所为，仅凭现场和各自为了减轻责任的双方司机陈述，难以全面还原事实真相。

肇事逃逸情形的成立是主客观统一的结果，即主观上明知事故发生，客观上为躲避处罚或赔偿实施了逃逸行为。本案肇事司机是否主观故意逃逸，应当多方面综合认定。

首先，从肇事司机的前后陈述来看，王某平在交通队的多次询问和法院的多次陈述中，均坚持称自己对事故的发生根本不知情。事故发生时，王某平系李某荣和侯某全雇用的司机，专职在事发路段运送砂石。事发当日其多次驾车途经事故地点，事发第二日其仍正常驾驶肇事车辆从事指派工作，第三日被交警传唤时方知自己曾于三日前发生交通事故。

其次，从肇事车辆的保险来看，事故发生时，肇事车辆投保有交强险和限额为100万元的商业险。王某平的雇主（肇事车辆的所有人）在庭审中表示，其对每名司机均告知有车辆投保全险的情况，并多次重申不酒驾、不逃逸的驾驶原则。王某平亦认可其知道车辆的保险情况。

最后，从事故发生的过程来看，本次事故的发生，系王某平驾驶的大货车在行驶中，货车车斗右下方钩挂到孙某保的衣服导致孙某保倒地受伤，二者相接触的碰撞面较小，碰撞力度较轻微，较不易被发觉。在路面颠簸车辆自身响声较大，王某平驾驶车辆着急运送货物时，王某平辩称其不知晓事故发生的陈述有较高的可信度。

综上，法院最终认定，肇事司机王某平虽客观上实施了驾驶事故车辆驶离现场的行为，但主观上并无逃逸的故意，肇事逃逸不成立。

但需要说明的是，本案的情况极其特殊，不可类比使用。推翻交通队出具的事故认定书，一定要有确凿而有力的证据。本案亦是在反复询问孙某保事故发生经过、王某平事发当天的行踪，调阅交通队的事故卷宗，勘查事故现场，模拟事发经过，综合考虑全案证据，最终作出王某平在事发当日驾车离开事故现场的行为不属于肇事逃逸的事实认定。

编写人：北京市房山区人民法院　刘丽霞

43

同一被保险人名下的车辆发生互碰是否属于三者险赔偿范围

——物流公司诉财险哈尔滨支公司机动车交通事故责任案

【案件基本信息】

1. 裁判书字号

北京市第三中级人民法院（2020）京 03 民终第 1499 号民事判决书

2. 案由：机动车交通事故责任纠纷

3. 当事人

原告（被上诉人）：物流公司

被告（上诉人）：财险哈尔滨支公司

【基本案情】

物流公司系经营道路普通货物运输、仓储服务等活动的企业，车牌号为黑 AS3×××、黑 AS3×××重型半挂牵引车及黑 AQ×××挂、黑 AQ×××挂重型车辆运输半挂车均为该公司名下的货运车辆。黑 AS3×××、黑 AS3×××重型半挂牵引车均在财险哈尔滨支公司投保机动车交强险和不计免赔商业第三者责任险 100 万元。在保险期间，2019 年 3 月 3 日 1 时 10 分许，在密云区西统路与统军庄交叉路口，物流公司司机韩某臣驾驶车牌号为黑AS3×××的货运车辆拖挂黑AQ×××半挂车，与同属该公司的司机孙某国驾驶的黑AS3×××货运车辆拖挂黑AQ×××半挂车发生交通事故，造成黑AS3×××及黑AQ×××挂上运输的商品车辆受损。经北京市公安局密云分局交通大队对交通事故责任进行认定，韩某臣负事故全责。事故发生后，因孙某国驾驶车辆上运输的商品车辆受损，物流公司经与原车辆所有人宝沃汽车公司及神州汽车服务公司协商，由物流公司购买了受损的两辆商品车，购买价格分别为136800元及214424元。物流公司已经于2019年3月8日将上述款项通过转账方式支付给相应公司。因就理赔事项未能达成一致，物流公司委托重庆合诚保险公估有限公司对受损车辆进行了评估。就上述损失赔偿问题，物流公司诉至法院。

【案件焦点】

同一被保险人名下的车辆发生互碰是否属于三者险赔偿范围。

【法院裁判要旨】

北京市密云区人民法院经审理认为：原告作为该份保险合同的投保人在本次交通事故中转化为被保险人；虽然无责车的所有人与所涉保险合同的投保人为同一家单位，但在事实上和法律上仍应属于所涉保险合同以外的第三人身份，而不应是所涉保险合同中所定义的被保险人；有责事故车的被保险人对保险合同以外的第三人人身及财产造成损失的，保险公司应在保险范围内承担理赔责任；故对被告认为原告为被保险人身份而不同意赔偿的主张，本院不予采纳；原告实际购买了受损车辆，故对原告要求被告承担保险责任并主张赔偿其合理合法损失的诉讼请求，本院予以支持。

关于提示和明确说明义务的履行问题。原告在“投保人声明”中要求手书部分未实际书写，但投保单中的两处投保人声明均需加盖公司的公章，应足以引起原告注意，而原告依然签章，则充分说明其已经知晓保险条款特别是免责条款的规定，并对合同的权利义务设置予以认可；原告并未提交证据证明被告未履行明确说明义务。故综上应认定被告已经尽到了相应的提示说明义务；在被告尽到明确提示和说明义务的情况下，就车辆贬损价值，依据免责条款，被告不需承担理赔责任。

北京市密云区人民法院依照《中华人民共和国侵权责任法》第四十八条，《中华人民共和国保险法》第十七条、第六十五条等规定，作出如下判决：

一、被告财险哈尔滨支公司在交强险保险限额范围内给付原告物流公司车辆修理费 2000 元；

二、被告财险哈尔滨支公司在商业三者险保险限额范围内给付原告物流公司车辆修理费 85321.41 元；

三、驳回原告物流公司的其他诉讼请求。

被告不服原审判决，提出上诉。北京市第三中级人民法院经审理认为：在交强险和商业三者险中，投保人允许的驾驶人，其法律地位相当于被保险人，原则上不能纳入第三者的范围。侵权法调整的是侵权人与受害人之间的法律关系。界定三责险中的"第三者"，应以被保险人是否对其依法承担赔偿责任为标准。一般情况下，如果侵权人与受害人同属一人，即"自己对自己侵权"，根据侵权法基本原理，不论行为人对自身之损害系故意为之或放任发生，其损害结果均应由行为人自负。故一审法院对此认定有误，本院予以纠正。对于同一被保险人名下的不同车辆发生互碰不属于机动车三责险赔偿的范围是一个比较复杂的保险概念，不容易为被保险人普遍理解，保险人在订立合同时应当对此进行提示并详细阐述说明，但从保险公司提交的《机动车综合商业保险示范条款》来看，欠缺对此说明、解释的内容，未提交其他充分有效证据证明其提示、说明的具体内容，也无法得出物流公司对该保险概念知晓并理解的结论。太平洋保险公司主张的同一被保险人名下的不同车辆发生互碰不属于机动车三责险赔偿的范围，实际上是主张免除保险人责任，但太平洋保险公司未能提供有效证据证明其对此尽到了提示说明义务，一审法院认定太平洋保险公司尽到了提示说明义务明显有误，本院予以纠正。一审法院判决太平洋公司支付物流公司车辆修理费 87321.41 元，结果正确，本院予以维持。

北京市第三中级人民法院依照《中华人民共和国民事诉讼法》第一百七十

条第一款第（一）项规定，作出如下判决：

驳回上诉，维持原判。

【法官后语】

责任保险是指保险人在被保险人依法应对第三人负赔偿民事责任并被提出赔偿要求时，承担赔偿责任的财产保险形式。《中华人民共和国保险法》第六十五条第四款规定："责任保险是指以被保险人对第三者依法应负的赔偿责任为保险标的的保险。"据此，理解适用责任保险需要注意两点：

一是责任保险中的"责任"是指侵权责任。侵权责任是指根据民法典等相关法律规定，违法行为人侵害他人合法权益需要承担的民事赔偿责任。从历史渊源来看，责任保险是随着侵权法的发展而产生的。侵权法通过要求侵权人对受害人进行赔偿，一方面确保权责对等、损失补偿，另一方面促使社会成本内部化，从而敦促潜在的侵权人加强安全防范。随着社会的发展，侵权行为越来越多，侵权带来的损害越来越大，侵权赔偿履行到位的难度也越来越高，为了及时救济受害人、减轻责任承担的压力风险，责任保险制度应运而生。因此，是否承担侵权责任是成立责任保险的前提条件。一般情况下，如果侵权人与受害人同属一人，即"自己对自己侵权"，根据侵权法基本原理，不论行为人对自身之损害系故意为之或放任发生，其损害结果均应由行为人自负，即不存在侵权责任。

二是责任保险中的"第三人"是指除被保险人外的人。责任保险的第三人在事故发生后才能确定。责任保险的第三人是保险事故的直接受害人、赔偿权利人。如果投保人、被保险人是同一个民事权利主体，而事故造成损害的民事权利主体是被保险人本身，而未造成被保险人以外的第三人财产损失，则不应当赔偿。

本案中，双方签订的保险合同载明，保险合同中的第三者是指因被保险机动车发生意外事故遭受人身伤亡或者财产损失的人，但不包括被保险机动车本车车上人员、被保险人。同时，保险合同第二十六条载明："下列人身伤亡、财产损失和费用，保险人不负责赔偿……（二）第三者财产因市场价格变动造成的贬值，修理后，因价值降低引起的减值损失；（三）被保险人及其家庭成员、被保险人允许的驾驶人及其家庭成员所有、承租、使用、管理、运输或代管的财产的损失，以及本车上财产的损失……”

本案中，物流公司的两名司机驾驶的由该公司承运的车辆发生了碰撞。这两名司机系投保人物流公司允许的驾驶人，其法律地位相当于被保险人，原则上不能纳入第三者的范围。因为根据我国的交强险和商业三者险的制度设计，第三人应为被保险人之外的受害人。被保险人除了投保人还包括投保人允许的合法驾驶人，在事故发生时亦属于被保险人的范畴。如此，本案中，侵权人与被保险人即受害人为同一主体。根据侵权法关于“自己对自己侵权”不应承担赔偿责任的原理，故物流公司不能主张第三者责任险赔偿。尽管同一保险人名下所有的车辆发生交通事故不能主张第三者责任险赔偿属于“法定免责事由”，但由于太平洋保险公司对其所提供的这一格式条款未尽充分说明义务，因此保险责任依然不能免除，故太平洋保险公司仍要承担理赔责任。

编写人：北京市密云区人民法院　徐秀丽

44

驾驶人离开事故现场保险公司是否免赔

——孔某珍诉成某燕、财险汕头支公司机动车交通事故责任案

【案件基本信息】

1. 裁判书字号

广东省汕头市中级人民法院（2019）粤05民终191号民事判决书

2. 案由：机动车交通事故责任纠纷

3. 当事人

原告（被上诉人）：孔某珍

被告（被上诉人）：成某燕

被告（上诉人）：财险汕头支公司

【基本案情】

2018年6月30日7时50分许，被告成某燕驾驶粤D72×××号小客车在汕汾路外砂文祠路口与原告驾驶的无号牌二轮电动摩托车发生碰撞，造成原告受伤。2018年7月11日，汕头市公安局交通警察支队龙湖大队出具《道路交通事故认定书》，查明：事发后，被告成某燕因未觉察到发生事故而驾车继续行驶，直到过后发现车辆受损才返回事故现场并拨打电话报警；认定被告成某燕应负本事故的全部责任，原告免负本事故的责任。

被告财险汕头支公司为粤D72×××号小客车交强险及商业三者险的保险人，商业三者险保险限额为1000000元不计免赔。上述事故发生在保险期限内。

被告财险汕头支公司提交的机动车第三者责任保险条款第二十四条载明："在上述保险责任范围内，下列情况下，不论任何原因造成的人身伤亡、财产损失和费用，保险人均不负责赔偿……（二）驾驶人有下列情形之一者：事故发生后，在未依法采取措施的情况下驾驶被保险车辆或者遗弃被保险车辆离开事故现场……"

【案件焦点】

1. 本案是否应由商业三者险赔偿；2. 交通费、护理费、住院伙食补助费、营养费、康复费、误工费的认定。

【法院裁判要旨】

广东省汕头市龙湖区人民法院经审理认为：汕头市公安局交警支队龙湖大队出具的《道路交通事故认定书》叙述事实清楚，认定责任准确，予以采信。被告成某燕应负本事故全部责任。被告财险汕头支公司虽提交机动车第三者责任保险条款第二十四条证明事故发生后驾驶被保险车辆离开事故现场属于保险免责事由，但该条保险条款设置的目的是要求驾驶人在事故发生后及时采取措施、救治伤者、保护事故现场，以防止损失的扩大。可见，驾驶人采取措施、救治伤者、保护事故现场，防止损失扩大的前提是驾驶人主观上明知发生了交通事故，并在事故发生后在其主观意志支配下的主动行为。若驾驶人主观上不知晓发生了交通事故，则客观上不可能“采取措施”，其在未察觉事故发生的情况下“离开”，也并非在主观意志支配下的主动行为。本案被告成某燕因未觉察到发生事故而驾车继续行驶，但其发现车辆受损返回事故现场并拨打电话报警，其行为在主观上不具有在发生事故后驾车逃离事故现场的故意，客观上也未造成损失的扩大，故被告财险汕头支公司作为粤 D72×××号小客车交强险及商业三者险的保险人，应在交强险及商业三者险保险责任范围内承担相应的责任。原告请求被告财险汕头支公司赔偿其因交通事故造成的合理损失，予以支持。

原告的损失合计 83936.59 元，由被告财险汕头支公司在交强险和商业三者险限额内赔偿原告。由于被告财险汕头支公司已垫付医疗费 10000 元，故被告财险汕头支公司还应赔偿原告 73936.59 元。

广东省汕头市龙湖区人民法院依照《中华人民共和国道路交通安全法》第七十六条第一款第（一）项，《中华人民共和国侵权责任法》第六条第一款、第十五条第一款第（六）项、第十六条，《最高人民法院关于审理道路交通事故损害赔偿案件适用法律若干问题的解释》第十六条第一款第（一）项、第（二）项，《最高人民法院关于审理人身损害赔偿案件适用法律若干问题的解释》第十七条第一款、第十九条、第二十条、第二十一条第一款和第二款、第二十二条、第二十三条第一款、第二十四条，《中华人民共和国民事诉讼法》第六十四条第一款之规定，作出如下判决：

一、被告财险汕头支公司应于本判决发生法律效力之日起十日内赔偿原告孔某珍 73936.59 元；

二、驳回原告孔某珍的其他诉讼请求。

财险汕头支公司不服一审判决，提出上诉。广东省汕头市中级人民法院经审理认为：二审法院同意一审法院裁判意见，予以维持。依照《中华人民共和国民事诉讼法》第一百七十条第一款第（一）项的规定，作出如下判决：

驳回上诉，维持原判。

【法官后语】

发生交通事故后，车辆驾驶人负有保护现场的义务，不得擅自离开事故现场。驾驶人离开事故现场会使其驾驶状态无法确认，增大交警部门现场勘查难度，使被害人无法得到及时救助。对驾驶人擅自离开事故现场，各财险公司包括本案被告财险汕头支公司的保险条款中都会载明以下免除责任条款：事故发生后，被保险人或驾驶人在未依法采取措施的情况下驾驶保险车辆离开现场或者遗弃保险车辆逃离事故现场的，保险人不负赔偿责任。那是否所有的驾驶人离开事故现场的情况，都能构成财险汕头支公司免除赔偿责任的理由？答案是否定的。财险汕头支公司能否免除赔偿责任应结合驾驶人的主观认识及客观原因进行综合分析。从财险汕头支公司设置上述免除责任条款的目的来看，是要求驾驶人在事故发生后及时采取措施，保护事故现场、救治伤者，以防止损失的扩大，进而缩小财险汕头支公司的赔付范围；若发生逃逸行为或者其他放任损失扩大的擅自离开行为，则财险汕头支公司免除赔偿责任。若驾驶人主观上不知晓发生了交通事故，则客观上不可能“采取措施”，其在不知事故发生的情况下的“离开”，也并非在主观意志支配下的主动行为。被告成某燕主观上不具有在发生事故后为逃避事故责任，驾车逃离事故现场的故意，客观上也未造成事故责任无法认定，损失扩大，加重保险人的赔偿责任的情形，因此，不属于上述保险条款约定的免除责任情形，被告财险汕头支公司应当在商业三者险范围内承担保险赔偿责任。

本案明确了驾驶人未知发生事故发生离开现场，不属于财险汕头支公司免责情形，对于驾驶员的行为具有指导意义：在已经离开事故现场的情况下，意识到可能有事故的发生，应及时返回事故现场采取措施，及时救助伤者，避免损失的扩大。

编写人：广东省汕头市龙湖区人民法院　陈海凌

45

保险公司未经受害人同意将交强险保费支付给投保人的应当继续对受害人承担赔偿责任

——张某鹏诉王某鹏、财险陕西分公司机动车交通事故责任案

【案件基本信息】

1. 裁判书字号

陕西省渭南市白水县人民法院（2021）陕05民终360号民事判决书

2. 案由：机动车交通事故责任纠纷

3. 当事人

原告（被上诉人）：张某鹏

被告（被上诉人）：王某鹏

被告（上诉人）：财险陕西分公司

【基本案情】

2020年6月9日9时许，王某鹏驾驶陕AP3×××起亚牌小轿车与张某鹏所有的车牌号为陕E18×××的大众牌小型轿车相碰撞，致乘坐人高某隆、谭某受伤，车辆受损。事故发生后，张某鹏支付了车辆施救费800元，白水县公安局交通警察大队作出第6105271202000000059号道路交通事故认定书，认定王某鹏承担事故全部责任。张某鹏将陕E18×××大众牌小型轿车进行维修，产生维修费用13510元，王某鹏支付了3000元维修费，剩余维修费未支付。王某鹏驾驶的陕AP3×××起亚牌小轿车在被告财险陕西分公司投保交强险，财产险赔偿限额为2000元，财险陕西分公司向王某鹏支付人身及车损保险金共计3533元，其中包括车上人员高某隆、谭某的人身损害赔偿1533元和张某鹏的

车损赔偿2000元。张某鹏诉至法院，要求二被告立即支付车辆维修费、施救费、代步费共计12810元。

【案件焦点】

1. 交通事故的赔偿数额如何计算；2. 本次事故产生的损失，由谁承担赔偿责任。

【法院裁判要旨】

陕西省渭南市白水县人民法院经审理认为：道路交通事故认定书认定，王某鹏负事故全部责任，应承担张某鹏因本次交通事故产生的损失。对于张某鹏主张的车辆维修费13510元，扣除张某鹏自认的王某鹏已经支付的3000元后为10510元，王某鹏应当承担赔偿责任；对于张某鹏主张的施救费，本院予以支持；对于张某鹏主张的代步费，因缺乏相关证据及法律依据，本院不予支持。对于张某鹏要求财险陕西分公司在保险范围内承担赔偿责任的诉讼请求，财险陕西分公司辩称其已向王某鹏进行赔付，无须再承担赔偿责任。本院认为，被保险机动车发生道路交通事故造成本车人员、被保险人外的受害人人身伤亡、财产损失的，由保险公司在机动车交通事故责任强制保险责任限额范围内予以赔偿。从该条规定可以看出，交强险的首要功能在于对受害人的保护，在投保人未将赔偿款支付给受害人，三方亦未对交强险赔付达成协议的情况下，保险公司不应将赔偿款直接支付给投保人，故被告财险陕西分公司陈述的其已将2000元保险金支付给被告王某鹏，无须再承担本案赔偿责任的辩称意见，因违反相关法律规定，不能成立，应继续向原告张某鹏承担赔偿责任。被告财险陕西分公司支付给被告王某鹏的款项，可另案起诉要求返还。依照《中华人民共和国道路交通安全法》第七十六条、《中华人民共和国保险法》第六十五条第三款规定，判决如下：

一、被告王某鹏于本判决书生效后十日内赔付原告张某鹏车辆维修费、施救费共计9310元；

二、被告财险陕西分公司于本判决书生效后十日内在交强险范围内赔付原告张某鹏2000元；

三、驳回原告张某鹏的其他诉讼请求。

财险陕西分公司不服，提起上诉。陕西省渭南市中级人民法院经审理认为，《机动车交通事故责任强制保险条例》第三条规定，本条例所称机动车交通事故责任强制保险，是指由保险公司对被保险机动车发生道路交通事故造成本车人员、被保险人以外的受害人的人身伤亡、财产损失，在责任限额内予以赔偿的强制性责任保险。交强险保障的是在交通事故中遭受损害的第三者利益，而非投保人和被保险人利益。财险陕西分公司在王某鹏与张某鹏就车损赔偿未达成协议且未全额支付赔偿金的情况下，直接将交强险财产损失限额2000元支付给被保险人王某鹏无事实和法律依据，财险陕西分公司认为其已向被保险人支付保险金而不应向第三者支付的上诉理由不能成立。一审判决财险陕西分公司在交强险限额内赔付张某鹏2000元并无不当。判决如下：

驳回上诉，维持原判。

【法官后语】

在机动车交通事故责任纠纷中，保险公司有时因赔偿数额已达交强险保险限额就提前将保险赔偿金支付给投保人，忽略了交强险的设立初衷及理赔规则，此问题值得我们讨论。

一、交强险的功能定位

交强险是在机动车事故领域设置的强制责任保险制度，既可以避免责任人支付不能的风险，又可以使受害人及时、便捷地获得救济。交强险采取“认车不认人”的方式，贯彻一车一保险的原则，且依据我国法律规定，在交强险范围之内，机动车一方负担无过错责任，即使机动车驾驶人发生交通事故后逃逸，该机动车参加强制保险的，保险公司仍应在机动车强制保险责任限额范围内予以赔偿。即使是在驾驶人未取得驾驶资格或者醉酒、被保险机动车被盗抢期间肇事，甚至是被保险人故意制造道路交通事故的情况下，保险公司仍应当在交强险人身损害的责任限额内承担垫付责任。综合以上规定，可见交强险设立的首要功能在于保障在交通事故中受到损害的第三人的利益。

二、交强险的理赔规则

在机动车交通事故责任纠纷中，受害者的人身和财产损失应由承保交强险的保险公司在交强险责任限额范围内予以赔偿。法院判决承担责任顺序也是先由交强险承保公司赔偿，不足部分再由商业险承保公司赔偿，仍不足的部分再由侵权人赔偿，侵权人承担的是补充责任。也就是说对于保险公司的保险赔偿，受害人享有直接请求权，即机动车交通事故中的受害人可以请求承保交强险的保险公司向其作出保险给付。发生机动车交通事故造成受害人人身伤亡的，原则上应当由被保险人申请保险理赔，但符合下列条件之一的，保险人可以受理受害人的索赔：（1）被保险人出具书面授权书；（2）人民法院签发的判决书或执行书；（3）被保险人死亡、失踪、逃逸、丧失索赔能力或书面放弃索赔权利。被保险人先行向受害者进行赔付后，有权要求保险公司在交强险限额内予以支付保险赔偿。依据上述规定，在被保险人未将赔偿款支付给受害人，三方亦未对交强险赔付达成协议的情况下，保险公司将赔偿款直接支付给投保人缺乏事实及法律依据。

本案中，财险陕西分公司在受害人的权益未得到保障的情况下，直接将保险赔偿款支付给被保险人王某鹏的行为，既不符合相关法律规定，又违背了交强险的设置初衷及理赔规则，不利于保护受害人张某鹏的合法权益，应当继续对受害人张某鹏承担保险赔偿责任。

编写人：陕西省渭南市白水县人民法院　赵召

46

法律禁止性规定作为免责条款需尽到提示义务

——石某启等诉刘某等机动车交通事故责任案

【案件基本信息】

1. 裁判书字号

安徽省淮南市中级人民法院（2020）皖04 民终1207 号民事判决书

2. 案由：机动车交通事故责任纠纷

3. 当事人

原告（被上诉人）：石某启、毕某昌、石某静、石某会、石某娇

被告（被上诉人）：刘某、石某亮、运输公司、财险淮南支公司

被告（上诉人）：财险阜阳分公司

【基本案情】

2019 年 11 月 9 日 8 时 16 分，刘某驾驶皖 KJ7×××号重型自卸货车沿安丰东街由东向西行驶至寿县安丰镇东街天润发超市门前路段处因未仔细观察，其车辆货箱前部加装处将道路上方线缆剐落。事故发生后刘某既未立即报警，也未采取有效安全防护措施，驾车驶离现场。同日 8 时 44 分，石某亮驾驶皖 DA2×××号轻型厢式货车沿安丰东街由东向西行驶至该路段处因未仔细观察，剐到悬挂于空中的线缆，被剐动的线缆带动掉落的线缆将路上行人石某元绊倒，造成石某元受伤及线缆受损的道路交通事故。石某元经医院抢救无效后于 2019 年 11 月 21 日死亡。该事故经寿县公安局交通管理大队认定，刘某承担事故的主要责任，石某亮承担事故的次要责任，石某元无责任。事故发生当日，石某元先被送往寿县安康医院，后转入安徽省立医院住院治疗至 2019 年 11 月 21 日

出院，共住院治疗12天，花去医疗费117372.96元。事故发生后，刘某为石某元垫付了1万元，石某亮为石某元垫付了2万元。另查明刘某擅自改变车辆结构致使车辆超高。

【案件焦点】

财险阜阳分公司应否在商业三者险范围内对涉案损失承担赔偿责任。

【法院裁判要旨】

安徽省淮南市寿县人民法院经审理认为：《中华人民共和国道路交通安全法》第十六条规定，任何单位或者个人不得有下列行为：（一）拼装机动车或者擅自改变机动车已登记的结构、构造或者特征……《最高人民法院关于适用〈中华人民共和国保险法〉若干问题的解释（二）》第十条规定："保险人将法律、行政法规中的禁止性规定情形作为保险合同免责条款的免责事由，保险人对该条款作出提示后，投保人、被保险人或者受益人以保险人未履行明确说明义务为由主张该条款不生效的，人民法院不予支持。"本案中，导致涉案事故发生的主要原因是刘某擅自改变车辆结构致使车辆超高，驾驶该车行至事故路段刮落线缆，刮落线缆后又未立即报警、未采取有效安全防护措施，驾车驶离现场。依据上述规定，其擅自改变车辆结构属于法律规定的禁止性情形，其未采取有效安全防护措施、驾车驶离现场的行为属于商业三者险保险合同中保险公司免除责任的条款，故财险阜阳分公司将法律规定的禁止性情形作为保险合同免责条款的免责事由，仅需要尽到提示义务即可。经查，财险阜阳分公司所提供的投保单投保人盖章处加盖的虽是投保人阜阳市汽车运输有限公司印章，但在签章处无经办人员签名，且投保人声明中投保人签章处的印章不是投保人阜阳市汽车运输有限公司，而是被保险人运输公司。本案中财险阜阳分公司未提供充分证据证明其就涉案免责条款向运输公司履行了提示义务，其主张在刘某驾驶的皖KJ7×××号重型自卸货车投保的商业三者险范围内免赔的意见，依据不足，本院不予采纳。

一审法院作出如下判决：

一、财险阜阳市分公司在其承保的交强险和商业三者险限额范围内赔偿石某启、毕某昌、石某静、石某会、石某娇因石某元死亡所产生的医疗费、死亡赔偿金、误工费、护理费、营养费、交通费、丧葬费、精神损害抚慰金，合计413047.8元（12万元+293047.8元）；

二、财险淮南支公司在其承保的交强险和商业三者险限额范围内赔偿石某启、毕某昌、石某静、石某会、石某娇因石某元死亡所产生的医疗费、死亡赔偿金、误工费、护理费、营养费、交通费、丧葬费、精神损害抚慰金，合计245591.92元（12万元+125591.92元）；

三、驳回石某启、毕某昌、石某静、石某会、石某娇的其他诉讼请求。

财险阜阳分公司以不承担商业险赔偿责任为由提起上诉，二审法院同意一审法院裁判意见。

【法官后语】

本案涉及的争议焦点是保险人将法律、行政法规中的禁止性规定情形作为保险合同免责条款的免责事由，需要做到怎样的提示说明义务。就一般而言，保险公司对一般性的免责条款必须尽到提示和说明义务，两者缺一不可。因为保险公司作为强势的合同一方主体，保险合同一般都是制式的，由保险公司单方制作而成，作为投保人没有协商的权利，因此对于格式合同中的免责条款的提示说明义务要求比较严格。但是现实中存在大量违反交通法规的情形，甚至严重违反法律的禁止性规定，类似这样的情形，如果不加以严惩，将会极大地破坏道路运输安全，所以法律规定了禁止性规定作为免责条款时，保险公司仅需要做到一般提示即可，但这个提示必须是显著的，并且投保人是知情的，不需要对禁止性的规定再详细地说明。因为禁止性的规定是普通大众都熟悉的，如禁止“酒驾”、无证驾驶等。而本案中的当事人所违反的就是道路交通安全法第十六条的禁止性规定，保险公司仅需尽到提示义务即可。但是本案中，首先，保险公司的免责条款字体较小，且看不清楚，难以辨认，提示并不明显，投保人很难知道这个免责条款；其次，投保人申明一栏虽然加盖公章，但是并没有经办人员签字，无法证明保险公司已经将免责条款告知了投保人。现实生活中，存在大量乱盖章的现象，保险公司无法证明自己已经尽到提示义务，因此本案法院判决保险公司承担赔偿责任。

法官在本案审理过程中，发现现实中一些道路运输从业人员对于保险合同约定的内容不清楚，法律意识淡薄，常常认为只要投保了保险就万事大吉了，不用承担任何赔偿责任，在从事道路运输的过程中，肆意违反法律规定，导致交通事故频发，危害社会安全。一个案件判决的影响有限，所以普法工作仍然任重道远。保险公司在办理保险业务时手续不规范，投保人手中常常只有投保单，保险公司常常不给投保人提供保险条款，有的免责条款的字体较小，没有加黑加粗，投保人根本注意不到，还存在大量肆意增加免责条款的情形，因此必须严格加以规范。否则不少交通事故案件保险公司都以重复理由抗辩，既增加法院不必要的工作量，也给保险公司自身造成不必要的损失。

编写人：安徽省淮南市寿县人民法院　杨雪

47

机动车驾驶人在增驾实习期内发生交通事故商业险是否赔付

——徐某诉陈某等机动车交通事故责任案

【案件基本信息】

1. 裁判书字号

安徽省宣城市中级人民法院（2020）皖18民终1216号民事判决书

2. 案由：机动车交通事故责任纠纷

3. 当事人

原告（被上诉人）：徐某

被告（被上诉人）：陈某

被告（上诉人）：财险池州分公司

被告：运输公司

【基本案情】

2019 年 4 月 10 日 15 时 30 分许，徐某仁驾驶无号牌“宗申”牌正三轮摩托车载夏某花（徐某仁妻子），由泾县桃花潭镇新民村村村通道路往桃花潭乌石村方面行驶，行驶至事发路段（322 省道 131km + 600m）处，左转弯驶入 322 省道时，与陈某驾驶的皖 R/44 × × ×号“豪沃”牌重型半挂牵引车（皖 R/4 × × ×挂牌重型平板自卸半挂车）相撞。相撞后皖 R/44 × × ×号“豪沃”牌重型半挂牵引车（皖 R/4 × × ×挂牌重型平板自卸半挂车）先后碾轧徐某仁和夏某花，致徐某仁和夏某花当场死亡，两车不同程度损坏。

经查，陈某驾驶的涉案车辆所有人为运输公司。在财险池州分公司投保了交强险及限额为 1000000 元的商业三者险且不计免赔。案涉事故发生时，陈某处于由 B1 驾驶证增驾 A2 驾驶证实习期。本次交通事故，经泾县公安局交通管理大队勘查取证，于 2019 年 5 月 17 日出具《道路交通事故认定书》，认定徐某仁与陈某负此次事故同等责任，夏某花无责任。徐某为维护自身权益，依法提起诉讼。

【案件焦点】

陈某在增驾 A2 证照实习期内驾驶牵引挂车发生交通事故，财险池州分公司是否可在商业险范围内免责。

【法院裁判要旨】

安徽省泾县人民法院经审理认为，公安交管部门责任认定合法、有效，本院予以采信。财险池州分公司提供了投保单和商业险保险条款，投保人运输公司签章确认收到投保单及商业险保险条款，但本案陈某系在增驾车型实习期内驾驶上述车辆发生交通事故，财险池州分公司在免责条款中未明确载明该实习期是否包含增驾车辆实习期。且在泾县公安局交通管理大队出具的交通事故认定书中并未将陈某在增驾 A2 实习期内驾驶牵引挂车认定为事故原因。即陈某是否在实习期内驾驶牵引挂车，与案涉事故发生没有法律上的因果关系，财险池州分公司以此主张在商业三者险范围内免责，不符合法律规定，不能成立。故财险池州分公司关于在商业险范围内予以免赔的意见本院不予采纳。因陈某所驾车辆由运输公司在财险池州分公司投保了交强险和限额 100 万元的商业三者险且不计免赔，故徐某因本次交通事故产生的经济损失，均应由财险池州分公司在交强险和商业险限额范围内予以赔偿。依照《中华人民共和国侵权责任法》第十六条、第二十二条、第四十八条，《中华人民共和国道路交通安全法》第七十六条第一款第（一）项，《最高人民法院关于审理道路交通事故损害赔偿案件适用法律若干问题的解释》第十六条第一款第（一）项、第（二）项，《中华人民共和国民事诉讼法》第一百四十四条规定，判决如下：

一、被告财险池州分公司于本判决生效后十日内赔偿原告徐某经济损失 876419 元；

二、驳回原告徐某的其他诉讼请求。

二审法院同意一审法院裁判意见。判决如下：

驳回上诉，维持原判。

【法官后语】

关于实习期，我国暂无明确法律规定，在《中华人民共和国道路交通安全法实施条例》和《机动车驾驶证申领和使用规定》中有说明。其中，《中华人民共和国道路交通安全法实施条例》第二十二条第二款规定，机动车驾驶人初次申领机动车驾驶证后的 12 个月为实习期；《机动车驾驶证申领和使用规定》第七十四条规定，机动车驾驶人初次申领机动车驾驶证和增加准驾车型后的 12 个月为实习期。从以上规定可知，初次申领驾驶证 12 个月属于实习期毋庸置疑，但是对于增驾后的 12 个月是否属于实习期存在歧义。

1. 从立法原则上看：《中华人民共和国道路交通安全法实施条例》由国务院颁布，属于行政法规，为上位法，《机动车驾驶证申领和使用规定》由国务院所属公安部颁布，属于部门规章，为下位法，二者相较，《中华人民共和国道路交通安全法实施条例》效力高于《机动车驾驶证申领和使用规定》。同时《中华人民共和国道路交通安全法实施条例》于2004年4月30日颁布，于2017年10月7日修改，《机动车驾驶证申领和使用规定》于2016年4月1日发布，可以看出《中华人民共和国道路交通安全法实施条例》修改时间晚于《机动车驾驶证申领和使用规定》，根据新法优于旧法原则，也应当适用《中华人民共和国道路交通安全法实施条例》的规定，即实习期为初次申领驾驶证后的12个月。

2. 从立法目的上看：实习期的设置目的在于让新驾驶员有个过渡期，能够熟悉适用准驾车辆的性能、操作等。而增驾驾驶员在此期间必须要实际驾驶该车辆才能适应，如果在此期间发生交通事故，商业险免赔则会导致驾驶员不敢驾驶增驾车辆，那么就达不到设置实习期的目的，与立法目的相背离。所以，在增驾实习期内发生交通事故保险公司仍应当承担商业险责任。

3. 从保险条款上看：案涉保险条款第二十四条约定：保险人不负责赔偿：实习期内驾驶公共汽车、营运客车或者执行任务的警车、载有危险物品的机动车或牵引挂车的机动车。于此，根据保险公司的约定，其未在该条款中明确载明增驾实习期是否属于该实习期，保险公司未举证证明其公司约定的实习期包含增驾实习期。根据《中华人民共和国民法典》第四百九十八条规定，对格式条款的理解发生争议的，应当按照通常理解予以理解。对格式条款有两种以上解释的，应当作出不利于提供格式条款一方的解释。所以，对于该项约定应当采用不利于保险格式的理解，即该约定的实习期不包含增驾实习期。

综上，机动车增驾实习期内发生交通事故保险公司应当在商业险范围内进行赔付。保险公司对其免责条款应当尽可能尽到提示说明义务，并且明确条款内涵，不能存在有歧义的条款。

编写人：安徽省泾县人民法院　赵群

48

驾驶人从业资格证过期不能必然引起商业险拒赔

——袁某满等诉罗某等机动车交通事故责任案

【案件基本信息】

1. 裁判书字号

湖北省仙桃市人民法院（2020）鄂9004民初4480号民事判决书

2. 案由：机动车交通事故责任纠纷

3. 当事人

原告：袁某满、刘某兰、陈甲

被告：罗某、陈乙、财险武汉分公司、朱某、财险仙桃支公司

【基本案情】

2020年8月3日晚上，陈某银驾驶仙桃119×××号“王派”牌两轮电动车跟在朱某驾驶的鄂M1V×××号“王牌”牌轻型自卸货车后，沿318国道由南往北行驶。22时10分许，当车行至318国道黄荆大桥南端施工路段处，朱某驾车向右转弯，陈某银驾车向左避让；此时，罗某驾驶鄂A2F×××号“雪佛兰”牌小型轿车，沿318国道由北往南行至施工路段借道通行至此处，鄂A2F×××号“雪佛兰”牌小型轿车左侧与仙桃119×××号“王派”牌两轮电动车发生剐撞引发电动车翻倒，造成陈某银倒地受伤、车辆损坏的道路交通事故。陈某银经送仙桃市医院抢救无效于2020年8月4日死亡。仙桃市公安局交通警察支队作出《道路交通事故认定书》，认定：罗某、朱某、陈某银负此事故同等责任。经查，罗某系鄂A2F×××号“雪佛兰”牌小型轿车的驾驶员，陈乙系鄂A2F×××号“雪佛兰”牌小型轿车的登记车主，该车辆在财险

武汉分公司投保交强险及商业险。事故发生时系罗某借用，车辆在财险武汉分公司投保了交强险和不计免赔100万元商业三者险，事故发生在保险期内，保险公司对赔付无异议。朱某系鄂M1V×××号“王牌”牌轻型自卸货车的驾驶员及登记车主，该车辆在财险仙桃支公司投保了交强险和不计免赔50万元商业三者险。财险仙桃支公司辩称，鄂M1V×××号车辆投保情况属实，但驾驶员朱某驾驶的为营业货车，根据道路运输法规的规定，其应有相应从业资格，车辆亦应有道路运输许可证。经查询，朱某的从业资格证已过期，根据双方保险合同约定，其公司在商业三者险范围内不承担保险责任。同时，涉案车辆系过户二手车，涉案保险的投保人为张某，本公司已就涉案免责条款向其履行了提示说明义务，该条款已发生法律效力，应当作为本公司在本案中赔偿的依据。

【案件焦点】

驾驶人从业资格证过期，保险公司第三者商业险能否免赔。

【法院裁判要旨】

湖北省仙桃市人民法院经审理认为，根据《交通运输部办公厅关于取消总质量4.5吨及以下普通货运车辆道路运输证和驾驶员从业资格证的通知》规定，“一、自2019年1月1日起，各地交通运输管理部门不再为总质量4.5吨及以下普通货运车辆配发道路运输证。二、自2019年1月1日起，对于总质量4.5吨及以下普通货运车辆从事普通货物运输活动的，各地交通运输管理部门不得对该类车辆、驾驶员以‘无证经营’和‘未取得相应从业资格证件，驾驶道路客货运输车辆’为由实施行政处罚”。肇事车辆鄂M1V×××号“王牌”牌轻型自卸货车的总质量为4290kg，该车辆和驾驶员朱某符合通知中的管理情形。故对财险仙桃支公司的该辩称意见，本院不予采纳。

湖北省仙桃市人民法院依照《中华人民共和国侵权责任法》第六条第一款、第十五条第一款第（六）项、第十六条、第二十二条、第二十六条、第四十八条、第四十九条，《中华人民共和国道路交通安全法》第七十六条第一款第（一）项，《中华人民共和国保险法》第六十四条、第六十五条第二款、第六十六条，《最高人民法院关于审理道路交通事故损害赔偿案件适用法律若干问题的解释》第十六条第一款，《最高人民法院关于审理人身损害赔偿案件适用法律若干问题的解释》第十七条第一款和第三款、第十九条、第二十七条、第二十八条、第二十九条，《中华人民共和国民事诉讼法》第六十四条第一款规定，判决如下：

一、被告财险武汉分公司于本判决生效之日起十日内支付原告袁某满、刘某兰、陈甲机动车交通事故赔偿款362501.11元；

二、被告财险仙桃支公司于本判决生效之日起十日内支付原告袁某满、刘某兰、陈甲机动车交通事故赔偿款362501.11元；

三、驳回原告袁某满、刘某兰、陈甲的其他诉讼请求。

【法官后语】

随着我国经济社会发展，驾驶汽车出行已经成为大部分居民的基本出行方式，大部分人也会在第一时间为车辆投保。然而等到发生交通事故理赔时，保险公司就会对免责条款一一审核，如果出现免责事由，保险公司就会提出商业险拒赔，投保人面临巨额赔偿，伤者也可能不能及时收到赔付款。

本案中，财险仙桃支公司就提出驾驶员朱某驾驶的为营业货车，根据道路运输法规的规定，其应有相应从业资格，车辆应有道路运输许可证。经查询，朱某的从业资格证已过期，根据双方保险合同约定，其公司在商业三者险范围内不承担保险责任。《道路运输从业人员管理规定》第六条虽规定“经营性道路客货运输驾驶员和道路危险货物运输从业人员必须取得相应从业资格，方可从事相应的道路运输活动”，但该规定属于交通运输部发布的部门规章，不属于规定禁止性情形的法律、行政法规。且朱某此前已取得了从业资格证，已达到货运岗位基本要求。

根据《交通运输部办公厅关于取消总质量4.5吨及以下普通货运车辆道路运输证和驾驶员从业资格证的通知》规定，“一、自2019年1月1日起，各地交通运输管理部门不再为总质量4.5吨及以下普通货运车辆配发道路运输证。二、自2019年1月1日起，对于总质量4.5吨及以下普通货运车辆从事普通货物运输活动的，各地交通运输管理部门不得对该类车辆、驾驶员以‘无证经营’和‘未取得相应从业资格证件，驾驶道路客货运输车辆’为由实施行政处罚”。本案中朱某驾驶的鄂 M1V×××号“王牌”牌轻型自卸货车的总质量为4290kg，未超过4.5吨，该车辆和驾驶员朱某符合通知中的管理情形。

同时，根据《中华人民共和国保险法》第十七条的规定，对于非法定的免责事由，保险公司在承保时需尽到明确提示告知义务。虽然保险公司提交了投保人签字的投保单，但并不能证明其以何种方式向投保人交付条款，也不能证明其就该免责条款尽到了明确说明义务，故保险公司主张的商业险拒赔不能得到支持。

编写人：湖北省仙桃市人民法院　尹玲玲

49

商业险免责条款在交警部门未对驾车驶离现场的肇事司机作逃逸认定交通事故中的适用

——何某梁诉余某国等机动车交通事故责任案

【案件基本信息】

1. 裁判书字号

江苏省无锡市中级人民法院（2020）苏02民终584号民事判决书

2. 案由：机动车交通事故责任纠纷

3. 当事人

原告（被上诉人）：何某梁

被告（被上诉人）：余某国、财险天锡分公司

被告（上诉人）：汽车科技公司

【基本案情】

2017 年 7 月 21 日，余某国驾驶车牌号为苏 BA0×××的小型普通客车沿惠钱路由东向西逆行驶至惠峰路口时，遇何某梁骑电动自行车沿惠峰路由北往南行驶，致何某梁倒地受伤和两车损坏的交通事故。事故发生后，余某国驾车驶离现场。交警部门认定余某国负事故的全部责任，何某梁不负事故的责任。事故发生时，苏 BA0×××车辆在财产保险无锡分公司投保了交强险、商业三者险 100 万元含不计免赔。2019 年 1 月 31 日，无锡中诚司法鉴定所作出鉴定意见：何某梁左踝关节功能丧失 50% 以上（未达 75%），评定为十级残疾；其误工期（治疗休息期）180 日，护理期 90 日，营养期以 90 日为宜。何某梁预付了鉴定费 3060 元。双方均认可医疗费 53357.13 元、营养费 2700 元。事故发生后，余某国垫付了 30000 元。

【案件焦点】

交通事故发生后，苏 BA0×××车辆的驾驶员余某国驾车驶离现场，交警部门未作逃逸认定，保险公司是否能根据商业险免责条款免除其赔偿责任。

【法院裁判要旨】

江苏省无锡市梁溪区人民法院经审理认为，财产保险无锡分公司主张根据机动车第三者责任保险条款约定，余某国在事故发生后驾驶被保险车辆离开事故现场，其在商业三者险责任范围内免责，并提供了相应的投保单、机动车综合商业保险条款等证据以证明其已就上述条款向投保人尽到提示说明义务，本院对其主张予以支持。汽车科技公司主张余某国系在不知道发生事故的情况下驶离现场，本院调取了交警部门的事故现场视频。视频中显示，余某国在通过斑马线前视线良好，能够注意到斑马线一侧的何某梁，其通过斑马线时有明显的减速动作，且其车辆在进入斑马线时车辆左前轮在斑马线第二条线上，离开斑马线时车辆左前轮在斑马线第三条线上，由此可判断其有明显左转动作。综合上述情形，法院认定余某国应当知道事故的发生，结合本院至交警部门向承办交警询问后制作的工作追记可以看出事故认定书并未真实反映事故发生的事实，应认定余某国知道事故的发生，并在事故发生后离开现场，符合商业险条款约定的免责事由。江苏省无锡市梁溪区人民法院依法判决汽车科技公司应于本判决发生法律效力之日起十日内向何某梁支付超出交强险范围的赔偿款60802.63元。江苏无锡市中级人民法院二审驳回汽车科技公司的上诉，维持原判。

【法官后语】

保险公司在商业三者险保险合同中约定：事故发生后，驾驶人在未依法采取措施的情况下驾驶被保险机动车或者遗弃被保险机动车离开事故现场，不论任何原因造成的人身伤亡、财产损失和费用，保险公司均不负责赔偿。根据该条款的约定，驾驶人驾车驶离现场免赔的前提是“未依法采取措施”，也即当驾驶人明知发生交通事故，却未采取措施驶离现场，保险人免除保险责任。

司法实践中，在交通事故发生后，部分驾驶人以其不知道事故发生故而驾车驶离事故现场作为保险公司主张商业险免赔的抗辩事由。

对于交警部门已经认定逃逸的驾驶人，其在主观上必然知晓事故发生，且未依法采取措施。在此情况下，保险人免赔事由能否成立只需审查其是否就相应免责条款对投保人尽到提示说明义务。

对于交警部门未认定逃逸，而仅载明事故发生后，驾驶人驾车驶离现场的驾驶人，不能仅根据交警部门未作逃逸认定就推断驾驶人不知晓事故的发生。而应通过对事故发生时驾驶人的主观状态进行考察，结合案件的实际情况做出综合认定。

对于确因不清楚发生交通事故而驶离现场的驾驶人，显然不具备依法采取措施的客观基础，如判决其承担超出交强险限额的赔偿责任，不仅有违投保人的投保目的，也不利于侵权人及时获得全面的救济，故在此情况下，保险人不能免除其商业险赔偿责任。

对于结合事故现场情况可以认定驾驶人确知事故交通发生仍然未依法采取措施而驶离事故现场的，即使交警部门未认定其逃逸行为，保险人仍然可依据商业险免责条款主张免赔。

本案余某国在事故发生后驾驶被保险车辆离开事故现场，虽然交警部门未在道路交通事故认定书中认定其存在逃逸行为，但法院根据事故现场视频中显示的车辆行驶轨迹等情况认定余某国知道事故的发生，且在事故发生后未依法采取措施即驾车离开现场。在保险公司提交保险单、投保人声明等证据证明其已就相应保险条款尽到了提示和说明义务的情况下，可免除保险公司在商业三者险范围内的赔偿责任。

综上所述，交通事故发生后，肇事驾驶人驾车驶离事故现场，即使交警部门未认定其逃逸，法院仍然需要对驾驶人在事故发生时的驾驶行为、事故发生后的处理方式等情况进行审查，如符合商业险免责条款约定的情形且保险人已就相应保险免责条款对投保人尽到必要的提示说明义务的，保险公司可根据相应商业险保险免责条款免除其赔偿责任。

编写人：江苏省无锡市梁溪区人民法院　程义

50

交通事故造成待售新车的贬值损失依法属于保险赔偿范围

——汽车服务公司诉王某等机动车交通事故责任案

【案件基本信息】

1. 裁判书字号

湖北省武汉市中级人民法院（2020）鄂01民终4909号民事判决书

2. 案由：机动车交通事故责任纠纷

3. 当事人

原告（被上诉人）：汽车服务公司

被告（被上诉人）：王某、魏某亮、汽车运输队、汽车租赁公司

被告（上诉人）：财险辛集支公司

【基本案情】

2018 年 3 月 20 日，王某驾驶重型半挂牵引车在汉口北大道二手车车王市场路段与福特 4S 店停放在路边的一辆全新未上牌车辆（该车系汽车服务公司所有）发生碰撞，造成两车受损。同日，该事故经武汉市公安局黄陂区分局交通巡逻民警大队出具《道路交通事故认定书》，认定：王某负此事故的全部责任。经查，王某驾驶的重型半挂牵引车的实际车主为魏某亮，该车挂靠在汽车运输队名下，由汽车租赁公司在财险辛集支公司名下投保了机动车交通事故责任强制保险和 100 万元的第三者责任商业保险（含不计免赔），王某在事故发生时不具备相应的从业资质。

财产保险辛集支公司对案涉第三者车辆进行定损，确认鄂××××××号（因受损车辆为全新未上牌车辆，底盘号为×××××××××××××××××，保险公司将定损车辆简称鄂××××××号车辆）车辆定损金额为 7315 元，残值作价 172.95 元，扣残值后定损金额为 7142.05 元，财险辛集支公司已在交强险范围内向汽车租赁公司赔偿了财产损失 2000 元。汽车服务公司委托湖北通达旺机动车辆鉴定评估有限公司对鄂××××××号车辆贬值进行鉴定评估，结论为：车辆贬值价格 21135 元，车辆评估价格为 119765 元。汽车服务公司为此支出评估费用 2113 元。因与上述各方协商赔偿事宜未果，汽车服务公司诉至法院，请求依法保护。

【案件焦点】

1. 财险辛集支公司是否应当向汽车服务公司赔偿车辆贬值损失；2. 王某在事故发生时不具备相应的从业资质是否构成财险辛集支公司拒绝在商业险范围承担赔偿责任的正当理由；3. 上述各方的赔偿责任如何确定。

【法院裁判要旨】

湖北省武汉市黄陂区人民法院经审理认为：王某驾驶重型货车与汽车服务公司停靠在路边的鄂××××××号车辆发生碰撞事故，王某承担事故的全部责任。该事故造成了鄂××××××号车辆损失 7142.05 元以及车辆贬值损失

21135元。鄂××××××号车辆因事故导致的贬值损失虽属于间接损失，但该事故导致鄂××××××号车辆丧失了作为全新商品车出售的可能性，该车只能作为二手车或者事故车出售，且出售的价格势必受事故影响而低于同一车型正常商品车的价款，经鉴定该车存在贬值损失，故该车的贬值损失是可以确定的，该车的贬值损失应该获得赔偿。

相关行业从业资质的证件办理和发放系相关行政管理部门对道路运输进行行政管理的行政行为，合格的驾驶证（合格驾驶员）、合格的行驶证（合格的车辆）才是事关车辆行驶过程中的安全必要证件，经营性道路货物运输从业资格证或道路运输经营许可证的可能缺失仅事关行政管理，对道路运输的安全风险和保险公司的经营风险并无实质影响；在本案所涉的民事侵权赔偿中，保险公司以经营性道路货物运输从业资格证的可能缺失为由，提出拒赔的辩称，本院不予采纳。

案涉车辆由汽车租赁公司在财险辛集支公司名下投保了机动车交通事故责任强制保险和100万元的第三者责任商业保险（含不计免赔），故汽车租赁公司不承担本案的赔偿责任。财险辛集支公司在交强险范围内已赔偿汽车租赁公司2000元，财险辛集支公司可向汽车租赁公司另行主张要求其予以返还。

湖北省武汉市黄陂区人民法院依照《中华人民共和国侵权责任法》第十九条、第四十八条、第四十九条，《中华人民共和国道路交通安全法》第七十六条，《最高人民法院关于审理道路交通事故损害赔偿案件适用法律若干问题的解释》第三条、第十六条，《中华人民共和国保险法》第六十五条之规定，作出如下判决：

一、财险辛集支公司在交强险保险范围内赔偿汽车服务公司经济损失2000元；

二、财险辛集支公司在商业险保险范围内赔偿汽车服务公司经济损失26277.05元。

财险辛集支公司不服一审判决，提出上诉，湖北省武汉市中级人民法院经审理认为：关于经营性道路货物运输从业资格是否影响保险理赔的问题。财险辛集支公司的保险合同条款中约定，驾驶出租机动车或营业性机动车无交通运输管理部门核发的许可证书或其他必备证书的，保险人不负责赔偿。该条款中关于“交通运输管理部门核发的许可证书或其他必备证书”的表述过于笼统，没有对具体哪些部门、何种许可证书和必备证书作出明确说明，在没有明确约定的情况下，交管部门核发的许可证书或其他必备证书不等于运输从业资格证，也不必然指向运输从业资格证。且从业资格证的规定旨在提高道路从业人员综合素质，该事项由行政关系进行调整，不由保险合同关系调整。从业资格证也不反映驾驶能力，有没有从业资格证与事故的发生没有因果关系，没有证据证明无从业资格证显著增加了承保车辆运行的危险程度。故对财险辛集支公司主张适用该免责条款的上诉理由不予支持。

关于本案车辆损失是否为间接损失，应否由侵权人赔偿的问题。本案事故系因王某驾驶重型半挂牵引车撞上汽车服务公司停放在门店附近的全新未上牌车辆，导致财产损失。汽车服务公司的受损车辆系作为商品出售的全新车辆，并不同于通常因交通事故导致价值贬损的受损车辆。作为待出售商品，在遭受外力损伤的情况下必然会发生价值贬损，直接影响商品的出售价格。此时受损车辆作为汽车服务公司的动产，财产损失是该动产因侵权行为造成的直接损失，该财产损失应当由向侵权人承保交强险和商业三者险的财险辛集支公司予以赔偿。

关于财险辛集支公司已向投保人汽车租赁公司赔偿交强险财产损失 2000 元的问题。《最高人民法院关于适用〈中华人民共和国保险法〉若干问题的解释（四）》第二十条规定：“责任保险的保险人在被保险人向第三者赔偿之前向被保险人赔偿保险金，第三者依照保险法第六十五条第二款的规定行使保险金请求权时，保险人以其已向被保险人赔偿为由拒绝赔偿保险金的，人民法院不予支持。保险人向第三者赔偿后，请求被保险人返还相应保险金的，人民法院应予支持。”依照上述规定，财险辛集支公司应当首先向汽车服务公司赔偿保险金，在汽车租赁公司未向汽车服务公司赔偿前，不得向汽车租赁公司赔偿保险金。如已向汽车租赁公司赔偿保险金，财险辛集支公司仍应向汽车服务公司进行赔偿，继而再向汽车租赁公司进行追偿。

综上，一审判决认定事实清楚，实体处理正确，本院依法予以维持。对财险辛集支公司的上诉请求依法不予支持。依照《中华人民共和国民事诉讼法》第一百七十条第一款第（一）项之规定，判决如下：

驳回上诉，维持原判。

【法官后语】

保险的主要价值和功能在于填补损害，保险的基础价值是损失补偿原则，是为了使被保险人在保险事故发生后所遭受的损失得到补偿，因此，保险公司对于交通事故引发的间接损失一般不予赔偿，比如鉴定费、案件受理费等。但在本案中，全新商品车因遭受交通事故发生的贬值损失应不属于间接损失。车辆价值受到诸多因素的影响，比如销售折扣、行驶里程、使用年限、磨损程度等均会影响车辆的价值，本案中的全新商品车系直接面向消费者出售的商品，且属于特殊的商品，在未经使用的前提下，遭受交通事故导致损坏而产生维修成本，其已不能作为全新商品交付消费者，其价值势必低于同一型号的全新商品车。该车辆产生的贬值损失是直接由交通事故所造成，而并非其他因素造成，且该贬值损失经专业机构鉴定能够确定。依据《最高人民法院关于审理道路交通事故损害赔偿案件适用法律若干问题的解释》第十五条“因道路交通事故造成下列财产损失，当事人请求侵权人赔偿的，人民法院应予支持：（一）维修被损坏车辆所支出的费用、车辆所载物品的损失、车辆施救费用；（二）因车辆灭失或者无法修复，为购买交通事故发生时与被损坏车辆价值相当的车辆重置费用……”的规定，该全新商品车的外部损坏可经过修理而与损坏之前无异，虽然事故车辆的贬值损失因“看不见、摸不着”是无法修复的，但却不可否认，这种贬值损失是实际存在且能够准确衡量的。

目前，在我国交通事故责任纠纷的处理中，对于车辆损失一般只赔偿能够确定的部分，即修理车辆的合理支出。但对于全新未使用的商品车而言，这种类型的车辆是直接对外出售的，其与因交通事故造成损害的一般车辆的区别在于，一般车辆即使遭受交通事故而导致车辆贬损，由于发生事故时，该车辆能够达到的目的在于使用，而并非出售，且事故发生时的各方当事人并不能预见该车辆是否将于未来不确定的时间被出售（作为二手车出售），故一般车辆发生交通事故受损后，能够被修理至事故发生前的正常使用状态即可，不涉及车辆的贬值损失。但全新商品车遭受交通事故致损，在交通事故发生之际即可预见，该全新车辆必然发生贬值损失才能达到该全新车辆出售的目的。因此，全新商品车遭受交通事故致损的贬值损失属于可预见可确定的损失，在符合常理性判断的前提下，依法应当获得保险公司的赔偿。

编写人：湖北省武汉市黄陂区人民法院　付文强

51

交强险追偿范围确定

——财险永州支公司诉申某雄追偿权案

【案件基本信息】

1. 裁判书字号

广西壮族自治区贺州市中级人民法院（2019）桂11民终1357号民事判决书

2. 案由：追偿权纠纷

3. 当事人

原告（上诉人）：财险永州支公司

被告（被上诉人）：申某雄

【基本案情】

2017年4月4日，毛某瑞驾驶无号牌三轮摩托车搭着何某淑、申某娥、毛某安由富川瑶族自治县麦岭镇街道方向往富川县石家乡方向行驶，行驶至长春水库前路段时遇申某雄醉酒驾驶湘M44×××号小型轿车由对向驶来，两车会车时发生碰撞，造成毛某瑞、何某淑、申某娥、毛某安受伤，两车局部损坏的交通事故。经富川瑶族自治县公安局交通管理大队富公交认字（2017）第4511236201700255号《交通事故认定书》认定，申某雄承担本事故的主要责任，毛某瑞承担本事故的次要责任。该院（2017）桂1123民初1111号民事判决书认定被告申某雄承担事故70%的责任，毛某瑞承担事故30%的责任。被告申某雄驾驶的湘M44×××号小型轿车在原告财险永州支公司处购买了交强险，该事故发生在保险期内。2017年11月29日，伤者毛某瑞起诉要求财险永州支公司在交强险限额内赔偿损失，2018年7月10日，经广西富川瑶族自治县人民法院（2017）桂1123民初1111号民事判决书判决原告财险永州支公司在交强险限额范围内赔付102908.24元。原告财险永州支公司于2018年11月9日将赔偿金额102908.24元履行完毕。

【案件焦点】

保险公司能否在交强险实际赔付范围内向侵权人全额追偿。

【法院裁判要旨】

广西壮族自治区富川瑶族自治县人民法院经审理认为，《中华人民共和国道路交通安全法》第七十六条规定，机动车发生交通事故造成人身伤亡、财产损失的，由保险公司在机动车第三者责任强制保险责任限额范围内予以赔偿；《最高人民法院关于审理道路交通事故损害赔偿案件适用法律若干问题的解释》第十八条规定：有下列情形之一导致第三人人身损害，当事人请求保险公司在交强险责任限额范围内予以赔偿，人民法院应予支持……（二）醉酒、服用国家管制的精神药品或者麻醉药品后驾驶机动车发生交通事故的……保险公司在赔偿范围内向侵权人主张追偿权的，人民法院应予支持，保险公司对其在交通事故中先行赔付的强制保险费用享有追偿权。本案中，财险永州支公司已在交强险责任范围内赔付102908.24元。因被告申某雄在醉酒状态下驾驶小型轿车发生事故，由此造成的交通事故后果应当由被告申某雄承担，故财险永州支公司有权在交强险责任范围内就已支付的费用对申某雄进行追偿。根据权利义务相一致的原则，原告财险永州支公司追偿的范围应在侵权人的责任限额内，该院（2017）桂1123民初1111号民事判决书认定被告申某雄承担事故70%的责任，因此，被告申某雄应承担72035.77元（102908.24元×70%）。遂依照《中华人民共和国道路交通安全法》第七十六条、《最高人民法院关于审理道路交通事故损害赔偿案件适用法律若干问题的解释》第十八条的规定，判决：

被告申某雄应支付给原告财险永州支公司赔偿款72035.77元。

广西壮族自治区贺州市中级人民法院经审理认为，《最高人民法院关于审理道路交通事故损害赔偿案件适用法律若干问题的解释》第十八条规定："有下列情形之一导致第三人人身损害，当事人请求保险公司在交强险责任限额范围内予以赔偿，人民法院应予支持：（一）驾驶人未取得驾驶资格或者未取得相应驾驶资格的；（二）醉酒、服用国家管制的精神药品或者麻醉药品后驾驶机动车发生交通事故的；（三）驾驶人故意制造交通事故的。保险公司在赔偿范围内向侵权人主张追偿权的，人民法院应予支持。追偿权的诉讼时效期间自保险公司实际赔偿之日起计算。"本条从文义上理解，保险公司在交强险责任限额内承担赔偿责任后，即享有对醉酒驾驶的侵权人追偿权，而追偿的范围为保险公司"赔偿范围内"，即追偿范围不应超过保险公司实际向受害人赔付的范围。这是法律赋予保险公司的法定权利，该条并未规定保险公司应按事故责任比例进行追偿。保险公司在交强险责任限额内承担保险责任，并不以事故责任大小为前提，即保险公司承担的赔偿责任，并不因侵权人在事故中责任大小而不同，只要侵权人对事故负有责任，保险公司即应在交强险限额内予以赔偿。既然保险人在交强险范围内向受害人赔付时并非基于被保险人一方对受害人承担的侵权责任，那么赔付之后基于法律规定向被保险机动车侵权人一方追偿时，被追偿方当然也就不能以自身的侵权责任大小来限制保险人追偿权的行使，保险人有权在交强险的赔付范围内全额向侵权人追偿。另根据上述司法解释第十九条第一款规定："未依法投保交强险的机动车发生交通事故造成损害，当事人请求投保义务人在交强险责任限额范围内予以赔偿的，人民法院应予支持。"

即在发生交通事故时，无论机动车一方有无投保交强险，均要在交强险责任限额内承担全部赔偿责任。保险公司在追偿时，如果对其追偿范围以“事故责任划分”给予限制，保险公司仅能部分追偿，由此会降低醉酒驾驶者的违法成本，其中未能得到追偿的损失部分必然转嫁给保险公司，无疑纵容了醉酒驾驶等严重违法行为。赋予保险公司在向受害人赔付后享有向醉酒驾驶人全额追偿的权利，体现了对醉酒驾驶人违法行为的否定评价。本案中，申某雄醉酒驾驶机动车发生交通事故，上诉人财险永州支公司在交强险责任限额内已向受害人赔付102908.24元，根据上述司法解释第十八条规定，上诉人财险永州支公司依法享有在赔偿范围内向被上诉人申某雄追偿的权利，财险永州支公司追偿范围应为其已赔付的102908.24元范围内，其可在该范围内向申某雄行使全额追偿权。原审以申某雄在事故中责任大小来确定财险永州支公司追偿范围，明显不当，对此予以纠正。遂依照《中华人民共和国民事诉讼法》第一百七十条第一款第（二）项之规定，判决如下：

一、撤销富川瑶族自治县人民法院民事判决；

二、被上诉人申某雄于本判决生效之日起十日内支付上诉人财险永州支公司102908.24元。

【法官后语】

侵权人在交通事故中承担全部事故责任时，保险公司在垫付交强险赔偿款后向致害人全额追偿并无争议。但侵权人和受害人对事故发生均有过错时，保险公司追偿的范围如何确定，我国法律并没有明确规定，审判实践中，主要有两种做法：一是根据事故责任比例判定追偿的比例；二是在交强险责任限额范围内对实际赔付金额全额追偿。

笔者认为，出现法定情形，保险公司有权在交强险实际赔偿范围内向侵权人全额追偿。理由如下：

1. 交强险保险公司的追偿权，与传统保险法理论上的保险公司代为求偿权有所不同。一般情况下，保险公司的代为追偿权，是在第三人侵害保险标的，造成被保险人财产损失的情况下，保险公司对被保险人实际赔偿后，代被保险人之位，取得向第三人的损害赔偿请求权。而《最高人民法院关于审理道路交通事故损害赔偿案件适用法律若干问题的解释》第十八条规定保险公司的追偿权，是代受害第三人之位，向侵权人求偿的权利。根据前述司法解释第十九条规定，未依法投保交强险的机动车发生交通事故造成损害，当事侵权人未投保交强险时，受害人所能获得的赔偿范围，与保险公司应在交强险限额范围内承担的赔偿责任是一致的，则其代受侵害的第三人之位向侵权人追偿时，其追偿范围应当与第三人直接向侵权人求偿范围一致。

2. 交强险赔付不同于一般侵权责任和合同责任，其突破一般保险赔偿责任理论，对违法情形下的损害仍然予以赔付，主要是基于其制度功能和救济目的的实现。交强险突出的功能是公益性和强制性，不以营利为目的，它将具有严重损害性的机动车交通事故风险社会化，从而实现更便捷救济受害人的目的。立法设置交强险先行赔付的本意，是避免将驾驶人违法情形下交通事故损害风险特别是侵权人无力赔偿的风险转嫁给交通事故的受害人。同理而言，保险公司在追偿时，如果对其追偿范围以“事故责任划分”给予限制，由此降低醉酒驾驶者的违法成本，将醉酒驾驶者扩大事故风险的责任转嫁给保险公司，无疑纵容醉酒驾驶等严重违法行为，对遏制这种风险扩张同样无益。

3. 追偿权的性质决定了其应当是保险公司实际支付保险赔偿后取得的一种权利。交强险为政策性保险，旨在使机动车交通事故的受害人迅速获得有效保障，促进道路交通安全，从而尽可能对保险人赔付的条件予以松绑。因此，保险人在行使交强险追偿权之前必须已经向受害人履行了赔付责任。这就意味着，保险公司在交强险实际赔付范围内向侵权人全额追偿，不会对受侵害的第三人产生利益损失。这与立法设置交强险的目的一致。

4. 从文义上理解，保险公司在交强险责任限额内承担赔偿责任后，即享有对醉酒驾驶的侵权人追偿权，而追偿的范围为保险公司“赔偿范围内”。

该条并未规定，保险公司应按事故责任比例进行追偿，且保险公司在交强险责任限额内承担保险责任，也不以事故责任大小为前提。既然保险人在交强险范围内向受害人赔付时并非基于侵权人对受害人承担的侵权责任，那么赔付之后基于法律规定向侵权人追偿时，侵权人当然也就不能以自身的侵权责任大小来限制保险人追偿权的行使，保险人有权在交强险的赔付范围内全额向侵权人追偿。

编写人：广西壮族自治区贺州市中级人民法院　黄灵峰

52

机动车商业保险合同的免责条款未尽到提示和明确说明义务不产生效力

——叶某凭、潘某红诉财险贺州分公司等机动车交通事故责任案

【案件基本信息】

1. 裁判书字号

广西壮族自治区贺州市中级人民法院（2020）桂 1121 民终 900 号民事判决书

2. 案由：机动车交通事故责任纠纷

3. 当事人

原告（被上诉人）：叶某凭、潘某红

被告（上诉人）：财险贺州分公司

被告（被上诉人）：罗某、古某海

【基本案情】

2019 年 3 月 5 日 21 时 5 分，罗某驾驶桂 J×××××号重型厢式货车在道路东侧路外由东往西倒车进入 S201 省道 98km＋20m 路段时，遇叶某军驾驶无号牌普通二轮摩托车搭载钟某爽、叶某盛沿 S201 省道由樟木林镇新华村方向往岩口村方向驶来，两车发生碰撞，造成叶某军当场死亡，钟某爽、叶某盛不同程度受伤及两车不同程度损坏的道路交通事故。昭平县公安局交通管理大队就该事故出具了第 451121120190000231 号《道路交通事故认定书》，确定罗某承

担事故的主要责任，叶某军承担事故的次要责任，叶某盛、钟某爽无事故责任。桂J×××××号重型厢式货车由古某海所有，罗某系古某海聘请的司机，事故发生时罗某正在驾车运输货物且存在载物超过核定载质量的情形。桂J×××××号重型厢式货车在财险贺州分公司处投保了机动车交通事故责任强制保险（以下简称交强险）和第三者责任商业保险（以下简称商业三者险）（保险限额500000元），发生事故时处在保险期间内。罗某已先行赔付原告损失20000元。

另查明，受害人叶某军系农村居民，叶某凭系其父亲，潘某红系其母亲，叶某凭与潘某红共同生育有一子一女，分别为儿子叶某军、女儿叶某妹。事故发生时，叶某凭61周岁，潘某红45周岁，叶某妹21周岁，叶某军16周岁。潘某红系二级精神残疾。叶某军于2018年暑假期间从某中学辍学到广东省务工。叶某凭、潘某红主张各被告应赔偿死亡赔偿金、丧葬费、被扶养人生活费等各项损失812291.4元。

【案件焦点】

1. 叶某凭、潘某红诉请的各项损失是否有事实和法律依据；2. 罗某是否应与古某海承担连带赔偿责任；3. 财险贺州分公司是否应对商业三者险部分承担赔偿责任。

【法院裁判要旨】

广西昭平县人民法院经审理认为：关于叶某凭、潘某红诉请的各项损失是否有事实和法律依据，结合案涉证据，叶某凭、潘某红诉请的死亡赔偿金、丧葬费、交通费、误工费、被扶养人生活费、精神损害抚慰金各项损失经依法核定为1089282.15元。关于罗某是否应与古某海承担连带赔偿责任，因古某海与罗某系雇佣关系，古某海作为雇主，对其雇员罗某所致损害应承担赔偿责任。罗某在本案事故中负主要责任，存在重大过失，需与古某海承担连带赔偿责任。关于财险贺州分公司是否应对商业三者险部分承担赔偿责任，根据《中华人民共和国保险法》第十七条第二款“对保险合同中免除保险人责任的条款，保险人在订立合同时应当在投保单、保险单或者其他保险凭证上作出足以引起投保人注意的提示，并对该条款的内容以书面或者口头形式向投保人作出明确说明；未作提示或者明确说明的，该条款不产生效力”；《最高人民法院关于适用〈中华人民共和国保险法〉若干问题的解释（二）》第九条第一款“保险人提供的格式合同文本中的责任免除条款、免赔额、免赔率、比例赔付或者给付等免除或者减轻保险人责任的条款，可以认定为保险法第十七条第二款规定的‘免除保险人责任的条款’”的规定，财险贺州分公司与古某海签订的商业三者险合同在提示或明确说明免责事项时有重大瑕疵，在投保人声明部分文本中应当由古某海手书确认“保险人已明确说明免除保险人责任的条款及法律后果，本人已了解并自愿投保”的格式为空白，也没有其他证据证明其对免责条款尽到了明确的提示说明义务，故财险贺州分公司关于罗某不具备道路货物运输驾驶员资质属于商业三者险合同中约定的免责情形，驾驶机动车时有载物超过核定质量的行为属于商业三者险合同中约定绝对免赔的10%的部分的辩解不成立，财险贺州分公司仍需在商业三者险责任限额内承担赔偿责任。关于罗某、古某海、财险贺州分公司的责任承担，财险贺州分公司应在交强险死亡伤残赔偿限额内赔付110000元，超出交强险限额部分损失为979282.15元，参照道路交通事故责任书责任划分及本案查明事实，酌定罗某承担65%的赔偿责任，即636533.4元。因此，财险贺州分公司应按商业三者险责任限额500000元赔偿损失。不足部分136533.4元，扣除罗某先行赔付的20000元，尚应赔偿的116533.4元由古某海予以赔偿，罗某承担连带赔偿责任。

综上所述，根据《中华人民共和国侵权责任法》第十六条、第二十二条，《中华人民共和国保险法》第十七条第二款，《最高人民法院关于确定民事侵权精神损害赔偿责任若干问题的解释》第十一条，《最高人民法院关于审理人身损害赔偿案件适用法律若干问题的解释》第九条、第十七条第三款、第二十七条、第二十八条、第二十九条，《最高人民法院关于适用〈中华人民共和国保险法〉若干问题的解释（二）》第九条第一款，《最高人民法院关于审理道路交通事故损害赔偿案件适用法律若干问题的解释》第十六条第一款，《中华人民共和国民事诉讼法》第六十四条第一款、第一百四十四条的规定，判决如下：

一、财险贺州分公司于本判决生效之日起十日内，向叶某凭、潘某红赔偿死亡赔偿金、丧葬费、亲属办理丧葬事宜交通费、被扶养人生活费、精神损害抚慰金合计损失 610000 元；

二、古某海于本判决生效之日起十日内，向叶某凭、潘某红赔偿死亡赔偿金、丧葬费、亲属办理丧葬事宜交通费、被扶养人生活费、精神损害抚慰金合计损失 116553.4 元，罗某对上述债务承担连带赔偿责任；

三、驳回叶某凭、潘某红的其他诉讼请求。

财险贺州分公司不服一审判决提起上诉，二审法院同意一审法院裁判意见，判决如下：

驳回上诉，维持原判。

【法官后语】

随着社会的变迁，时代的进步，互联网已经深深融入社会生活的方方面面，给人民的生活提供了巨大的便利。在保险业中电子保单也在这个信息时代应运而生并广泛应用，同时因电子保单引发的纠纷也日渐增多。电子保单实质就是以电子信息数据为载体的保险合同，本案最核心的争议焦点即电子保单中免责条款的效力。保险合同中免责条款发生法律效力的前提是尽到提示和明确说明义务，财险贺州分公司在本案中亦是明确认识到其提示和明确说明义务，故而在其电子保单的格式化条款中设置了相关的内容。但是，在案涉机动车商业保险合同中，财险贺州分公司仅仅是“认识到”而没有达到“尽到”对免责条款提示和明确说明义务的标准。财险贺州分公司提供的电子保单中格式条款明确约定对免责事项的声明书应由投保人手书，其未能就本应由投保人手书部分空白作出合理说明，也没有其他证据证实其对保险合同中有关免除保险人责任条款的概念、内容及其法律后果以书面或者口头形式向投保人进行过解释说明。故而本案认定财险贺州分公司未尽到对免责条款的提示和明确说明义务，免责条款不产生效力，应当依法承担保险责任。

保险作为一种社会服务商品，是投保人向保险人购买的服务，投保人有权选择、了解、知悉所购买的保险服务能否提供其所期待的保障。电子保单通常为保险人设计的格式合同，使保险人在订立合同时处于优势地位，为保障投保人的合法权益，法律必然要制约保险人不适当免除或限制自身责任。诚实信用原则是现代民法最重要的原则，《中华人民共和国民法典》第七条规定："民事主体从事民事活动，应当遵循诚信原则，秉持诚实，恪守承诺。"保险人就保险合同中的免责条款履行完整、客观、真实的提示和明确说明义务即诚实信用原则在保险活动中的体现，这种提示与明确说明既包括提醒注意免责条款本身的存在，也包括解释说明免责条款的术语、内涵、目的和适用。电子保单实实在在给人们提供了便捷、高效、环保的保险服务，但电子保单简化投保流程，不意味着可以简化法律对免责条款的特别规定，正如2020年9月3日中国银行保险监督管理委员会发布的《关于实施车险综合改革的指导意见》第二十条所倡导，积极推广电子保单制度，仍要建立在保障消费者知情权和选择权的基础上。

编写人：广西壮族自治区贺州市昭平县人民法院　叶琦

53

家庭自用名义投保的车辆从事营运行为发生事故后商业三者险赔偿责任认定

——许某甲诉财险某支公司、宋某机动车交通事故责任案

【案件基本信息】

1. 裁判书字号

山东省淄博市中级人民法院（2020）鲁03民终1395号民事判决书

2. 案由：机动车交通事故责任纠纷

3. 当事人

原告（被上诉人）：许某甲

被告（上诉人）：财险某支公司

被告（被上诉人）：宋某

【基本案情】

2017年12月22日22时5分许，宋某驾驶鲁CD8×××号小型轿车与许某乙驾驶的鲁C87×××号小型轿车相撞，造成车辆受损的交通事故。事故发生后，经交警部门认定，宋某驾车变更车道，未确保安全，应负事故的全部责任；许某乙无责任。宋某驾驶的鲁CD8×××号小型轿车的实际车主系其本人；该车从财险某支公司购买了机动车交通事故责任强制保险及20万元商业保险（不计免赔）。该起事故发生在上述保险期间（2017年6月25日至2018年6月24日）。事故发生时，宋某驾驶该车从事网约车出行营运。许某乙驾驶的鲁C87×××号小型轿车的实际车主系许某甲。许某甲起诉要求赔偿经济损失29600元。宋某辩称应由财险某支公司承担赔偿义务。财险某支公司则辩称宋某驾驶车辆从事营运，改变车辆用途，商业险应当免赔，其仅在交强险限额内赔偿原告合理合法损失。

【案件焦点】

以家庭自用名义投保的车辆从事滴滴出行营运发生事故，商业三者险赔付应如何认定。

【法院裁判要旨】

山东省淄博高新技术产业开发区人民法院经审理认为：宋某驾驶机动车在道路上与许某乙驾驶的许某甲所有的机动车发生碰撞，造成许某甲车辆受损的道路交通事故。经交警部门认定，宋某负事故的全部责任，许某乙无责任。宋某的过错行为造成许某甲车辆受到损害，应当承担民事侵权责任。依照侵权责任法的规定和相关的标准，许某甲的损失可以认定如下：原告关于车辆损失29600元的诉求提交了车辆维修发票，被告均无异议，认为属于原告的实际损失，予以支持。机动车交通事故责任强制保险财产损害赔偿限额2000元项下，许某甲损失29600元。财险某支公司应在上述理赔限额内，赔偿许某甲经济损失2000元。超出交强险理赔限额的部分计27600元，根据宋某、许某甲在事故中的责任及保险合同约定，确定赔偿责任。本案中，宋某驾驶的鲁CD8×××号小型轿车向财险某支公司投保商业三者保险时，保险车辆类型为家庭自用轿车，但其在发生交通事故时，从事滴滴出行运营，系网约车，属于保险标的用途的改变，应当认定为构成《中华人民共和国保险法》（以下简称《保险法》）第四十九条、第五十二条规定的"危险程度显著增加"，即被保险车辆改变使用性质，被保险人未通知保险人，导致被保险机动车危险程度显著增加，保险人不负责赔偿。本案中，财险某支公司提交了交强险保单即保险条款，拟证明向投保人宋某履行了免责条款的明确说明、提示义务，但并未提交其已向投保人送达保险条款的相应证据，亦无具体承办人员对免责条款进行确认的证据，因此，不足以证明财险某支公司已经就免责条款内容尽到提示、说明义务。财险某支公司工作人员在事故发生后要求投保人声明放弃索赔申请的行为，不属于对该免责条款的补救说明，且易导致投保人对保险合同条款对本人不利的错误理解，不符合证据采集原则，该证据不予采纳。宋某在为家庭自用轿车投保商业保险后，改变车辆用途，从事滴滴出行运营，使保险事故发生的概率超过了订立合同时的合理预估，违反了商业保险合同约定。考虑到其已经缴纳保险金，滴滴出行运营并非其投保车辆的全部用途，根据民法公平原则，应当承担部分责任。根据保险期限等因素，综合确定减轻财险某支公司30%的赔偿责任。即超出交强险理赔限额的27600元，由财险某支公司按照70%的比例赔偿，即19320元；宋某承担30%的赔偿责任，即8280元。据此，一审判决如下：

一、财险某支公司在交强险理赔范围内赔偿许某甲经济损失2000元；

二、财险某支公司在商业三者险范围内赔偿许某甲经济损失19320元；

三、宋某赔偿许某甲经济损失8280元。

财险某支公司持原审答辩意见提起上诉。山东省淄博市中级人民法院经审理认为：《保险法》第五十二条规定："在合同有效期内，保险标的的危险程度显著增加的，被保险人应当按照合同约定及时通知保险人……被保险人未履行前款规定的通知义务的，因保险标的的危险程度显著增加而发生的保险事故，保险人不承担赔偿保险金的责任。"本案中，宋某将家庭自用名义投保的车辆从事滴滴出行营运活动，显著增加了车辆的危险程度，其未将上述情况通知财险某支公司，且在从事车辆营运时发生本案交通事故，符合上述法律规定的保险人不承担赔偿金的情形。且在涉案车辆的保险单、商业保险条款中，均对非营运车辆从事营运、车辆改变使用性质不通知保险人因此保险人不负赔偿责任的情形作出了明确约定，宋某庭审中陈述知道改变营运性质财险某支公司免赔，其在事故发生后亦出具了放弃索赔申明，故依照法律规定和商业保险合同的约定，财险某支公司不应承担商业三者险的赔偿责任。据此，二审判决如下：

一、维持一审判决第一项；

二、撤销一审判决第二项、第三项；

三、宋某赔偿许某甲经济损失27600元。

【法官后语】

本案涉及的主要问题在于，以家庭自用名义投保的车辆从事滴滴出行等营运行为发生事故后，商业三者险赔偿应如何认定。

随着网约车行业的发展及打车软件的风靡，以家庭自用名义投保的车辆进行载客收费的现象增多，更多的私家车车主加入网约车平台，网约车给大家的出行带来了方便，但同时也存在很多安全隐患。其安全保障问题也成为司机、乘客及社会更为关心的问题，这一问题的核心反映在审判实践中就是网约车载客过程中发生交通事故的，涉案车辆承保的财险某支公司的赔偿应如何认定。而其中交强险作为法定强制保险的赔偿自不必说，其核心争议则在于商业三者险应否赔偿。

在当前的车险市场领域，财险某支公司根据车辆用途不同，将汽车分为家庭自用车辆和营运车辆两种，营运车辆相对于家庭自用车辆，运行里程多、使用频率高、发生事故的概率相对较高。保险合同是双务合同，车辆的驾驶危险程度及事故概率与保费是成正比的，保险费与保险赔偿金呈对价关系，保险人依据投保人告知单情况，根据危险程度评估决定是否承保以及收取保费的多少，所以财险某支公司在计算保险费率时亦将两种不同性质的车辆相区分，营运车辆的保费高于家庭自用车辆的保费，通常能高一倍左右。再者，经营载客业务的司机应当具有从事此运输行业的从业资格，特别是载客情形，直接关系司机及乘客的交通安全，安全行驶无小事，从业资格证虽系行政管理要求的资质问题，但在财险某支公司提供的商业三者险合同中亦对从业资格问题进行了单独的免责提示，直接影响商业三者险的理赔问题。

审判实务中，有一定数量的非营运车辆以家用车性质投保，却有偿提供“专车”“拼车”等营运服务，而车主往往主张自己系非营运车辆，平时均系自己驾驶使用，业余时间偶尔进行接单载客。人民法院在认定营运车辆与家庭自用车辆时往往依据以下两点：第一，营运以收取费用为目的，家庭自用一般不收取费用；第二，营运服务的对象是不特定的人，与车主没有特定关系。而家庭自用的服务对象一般都是家人、朋友等与车主有特定关系的人。即使偶尔接单运送客人，亦具有了营运性质，不能因载运的时间长短来衡量家用与营运的明显划分。《保险法》第五十二条规定，在合同有效期内，保险标的的危险程度增加的，被保险人应当按照合同约定及时通知保险人，保险人可以按照合同约定增加保险费或者解除合同。被保险人未履行前款规定的通知义务的，因保险标的的危险程度显著增加而发生的保险事故，保险人不承担赔偿保险金的责任。一般家庭自用车辆的行驶证上的使用性质为“非营运”，并且保单中的使用性质为“家庭自用汽车”。网约车改变了车辆的营运性质，驾驶人的营运行为致使保险车辆风险承担显著增加，从公平角度看，收较低的保费却让财险某支公司承担较高的风险，亦显失公平。此时，车主应当及时通知财险某支公司，财险某支公司可以增加保费或者解除合同。本案中，宋某驾驶的案涉车辆向财险某支公司投保交强险与商业三者保险，保险车辆类型为家庭自用轿车，其在发生交通事故时，从事滴滴出行运营，系网约车，属于保险标的用途的改变，应当认定为构成《保险法》第五十二条规定的“危险程度显著增加”情形，即被保险车辆改变使用性质，被保险人未通知保险人，导致被保险机动车危险程度显著增加。被保险人改变承保车辆的性质时，未及时通知保险人，变更商业三者险的保险事项，故保险人在商业三者险范围内不予赔偿，人民法院不应当再以免责条款的明确说明、提示义务来规制保险人的责任。

编写人：山东省淄博市中级人民法院　荣明潇　胡晓梅　朱倩茹

ISBN 978-7-5216-2511-0

9 787521 625110 >

图书在版编目（CIP）数据

中国法院2022年度案例．道路交通纠纷／国家法官学院，最高人民法院司法案例研究院编．—北京：中国法制出版社，2022.2

ISBN 978－7－5216－2511－0

Ⅰ.①中… Ⅱ.①国…②最… Ⅲ.①公路运输－交通运输事故－民事纠纷－案例－汇编－中国 Ⅳ.①D920.5

中国版本图书馆CIP数据核字（2022）第025268号

策划编辑：李小草　韩璐玮（hanluwei666@163.com）

责任编辑：韩璐玮　　封面设计：李宁

中国法院2022年度案例．道路交通纠纷

ZHONGGUO FAYUAN 2022 NIANDU ANLI. DAOLU JIAOTONG JIUFEN

编者/国家法官学院，最高人民法院司法案例研究院

经销/新华书店

印刷/三河市紫恒印装有限公司

开本/730毫米×1030毫米　16开　　印张/14.25　字数/173千

版次/2022年2月第1版　　2022年2月第1次印刷

中国法制出版社出版

书号 ISBN 978－7－5216－2511－0　　定价：58.00元

北京市西城区西便门西里甲16号西便门办公区

邮政编码：100053　　传真：010－63141600

网址：http：//www.zgfzs.com　　**编辑部电话：010－63141790**

市场营销部电话：010－63141612　　**印务部电话：010－63141606**

（如有印装质量问题，请与本社印务部联系。）